PORTUGUESE

This book presents the essentials of Portuguese in a logical sequence designed to meet the needs of all who wish to acquire a working knowledge of the language of Portugal and Brazil. Pronunciation, grammar and syntax are simply explained, and a vocabulary of everyday words and phrases is built up throughout the course, which also includes practical exercises.

TEACH YOURSELF BOOKS

Written in a comprehensive yet practical manner, the student of a delightful language should find no difficulty in following each phase of this clearly written book.

Schoolmaster

PORTUGUESE

J. W. Barker, M.A., Ph.D.
*Formerly Lecturer in Portuguese in the
University of Cambridge*

Edited and revised by
Dorothy M. Atkinson, M.A.
*Senior Lecturer in Portuguese Studies in the
University of Birmingham*

TEACH YOURSELF BOOKS
Hodder and Stoughton

First printed 1945
Fifth edition 1969
Eleventh impression 1982

Copyright © 1969 edition
Hodder and Stoughton Ltd

This volume is published in the U.S.A. by David McKay Company Inc., 750 Third Avenue, New York, N.Y. 10017.

ISBN 0 340 26382 2

Printed in Great Britain for
Hodder and Stoughton Educational
a division of Hodder and Stoughton Ltd,
Mill Road, Dunton Green, Sevenoaks, Kent,
by Richard Clay (The Chaucer Press) Ltd, Bungay, Suffolk

INTRODUCTION

THE aim of the present work is to present the essentials of Modern Portuguese in a clear, practical, and interesting manner. Reasons for learning the language are many and varied: an interest in the "Chronicles" of the early explorers; a chance encounter with a translation of the *Lusiads*; a more prosaic enquiry from Pernambuco for cotton goods and crockery; a visit to friendly Portugal in the winter; or a trip up the Amazon to Manaus. The field for continued study is wide, and some suggestions for further reading are given at the end.

Among the attempts to simplify spelling, perhaps the most thorough-going and successful has been the Portuguese system of 1911, which led to the publication of the *Vocabulário Ortográfico da Língua Portuguesa*. This simplified system was officially recognised in Portugal and Brazil by an agreement signed on 29 December 1943. By its uniformity, consistency, and almost phonetic character, the system ensures that, once the basic sounds have been mastered, the foreigner can be assured that he can pronounce almost every word fairlycorrectly at sight. Considerable attention, and space, has been given to the representation of these basic sounds. Imitated pronunciation, though useful, is always imperfect, and disappointing in results. Therefore, in the extended section on pronunciation, Portuguese sounds have first been related to the nearest English equivalent, and then expressed in the symbols of the International Phonetic Association, which have stable values. Extensive experience of the use of the material in this section shows that a good pronunciation can be obtained (if the examples are read often enough), but such oral practice should be supplemented, if possible, by conversation with a native of Portugal or Brazil.

Students whose chief concern is to *read* the language may perhaps omit the details of pronunciation on a first reading, but should read the vocabulary of words which it contains. They will proceed to read the simply-worded sections on grammar and to work the exercises. Ample reading matter is introduced after Lesson 9 and in Part III, for words and constructions can be best remembered in the context of narrative and descriptive passages. The numerous exercises have been designed to encourage fluency in speech and writing, and to avoid the making of mistakes.

In the last lesson an attempt has been made to show how far the ordinary language of Portugal differs from that of her daughter, Brazil.

The work owes much to the co-operation of my wife and two Portuguese friends. Senhor Sílvio Pinheiro de Matos of Vila Real devoted much time to the preparation of the reading passages, and Senhor Raúl V. de Garcia Cabral, of Lisbon and Emmanuel College, Cambridge, has been generous in sympathetic criticism, apt suggestion, and careful reading of the manuscript and proofs.

FOREWORD TO THE FOURTH EDITION

It is hoped that the user of this new edition of *Teach Yourself Portuguese* will reap a fourfold benefit.

First, the material of the Lessons has been rearranged to meet the student's needs in the order in which they naturally arise, thus ensuring a sense of progress.

Secondly, matters of special difficulty (e.g. the personal infinitive, pronoun objects, sequence of tenses) are dealt with more fully and the grammatical explanations have been clarified and reworded.

Thirdly, the vocabulary has been adapted and extended to appeal to the student whose intention is to travel or to understand practical modern prose. The sections on money and correspondence have been brought up to date.

Lastly, the exercises have been redesigned to practise systematically what has been learnt. On completing the course, the student should have acquired a variety of correct sentence-patterns, be able to express himself adequately in the language and to understand spoken and written Portuguese of moderate difficulty.

L. Stringer.

1962

FOREWORD TO THE FIFTH EDITION

In making this revision, my aim has been to give more adequate explanation of some of the difficult points of grammar and syntax, to regularise the use of the written accent and phonetic symbols in accordance with correct contemporary spelling and pronunciation, and in general to make the book a more accurate and reliable instrument of learning. I acknowledge with gratitude the help of my friend and colleague Mrs. Lucilia Lambourne in deciding a number of the points at issue.

D.M.A.

1969

CONTENTS

ix

PART II

PART III

MAPS

PRONUNCIATION

THE 26 letters of the Portuguese alphabet are 5 vowels, *a, e, i, o, u* (the nasalised forms being *ã, ẽ, ĩ, õ, ũ*), and 21 consonants.

The sounds can be well represented by the symbols of the International Phonetic Association, with some modifications, and explanations. The following detailed, explanatory remarks on pronunciation will repay careful and detailed study. The examples given, which should always be read aloud, provide at the same time a carefully chosen vocabulary.

Portuguese intonation (rise and fall of voice) is captivating but elusive. In the English sentence, *Where are you going?* emphasis on the respective words can express destination, person, disapproval (by dropping the voice on *going*), or encouragement (by raising the voice on *going*). Portuguese intonation has similar resources of pitch and pattern.

Portuguese letter.	Portuguese name.	International Phonetic Symbols for these letters as sounded in differing positions.
a	a	a, ɐ
b	bê	b, ƀ
c	cê	s, k
d	dê	d, đ
e	é	ɛ, e, ə, i, ı̦
f	éfe	f
g	gê	ʒ, g, g
h	agá	—

11

Portuguese letter.	Portuguese name.	International Phonetic Symbols for these letters as sounded in differing positions.
i	i	i, ɪ, ĭ
j	jota	ʒ
k	ka	k
l	éle	l, ł
m	éme	m
n	éne	n, ŋ
o	ó	o, ɔ, u
p	pê	p
q	quê	k
r	érre	r, ɹ, rr
s	ésse	s, ʃ, z, ʒ
t	tê	t
u	u	u, ŭ
v	vê	v
(w	vê dobrado	ŭ, w, v)
x	xis	ʃ, z, s, ks
y	ipsilon	j
z	zê	z, ʃ, ʒ

Three digraphs represent single sounds:

ch	cê agá	ʃ
lh	éle agá	ʎ
nh	éne agá	ɲ

ACCENTUATION

As the exact pronunciation of a vowel depends on the emphasis laid on it, it is necessary to know where the stress falls. In monosyllabic words there is only one place for the stress, so the following rules, to which there are few exceptions, apply to words of two or more syllables.

(1) In words ending in the vowels, *a, e, o*, the stress falls on the last syllable but one.

> *falo* [fálu], I speak, *a* stressed.
> *rosa* [rrózɐ], rose, *o* stressed.
> *falam* [fálɐ̆ŭ], they speak, *a* stressed.
> *rosas* [rrózɐʃ], roses, *o* stressed.

Final *m* and *s* are disregarded, for they are usually the signs of the plural in verbs and nouns respectively.

(2) In words which do not end in the plain vowels *a, e, o*, the stress falls on the last syllable.

> *animal* (ɐnimáɫ], animal, 2nd *a* stressed.
> *falei* [fɐléĭ], I spoke, *ei* stressed.
> *falou* [fɐló], he spoke, *ou* stressed.
> *maçã* [mɐsɐ̃], apple, *ã* stressed.
> *nação* [nɐsɐ̃ŭ], nation, *ão* stressed.

(3) Words not stressed in accordance with the above rules are marked by the orthographical (written) accents, i.e. acute (´) on open vowels:

> *rápido* [rrápiɖu], rapid.

and circumflex (ˆ) on closed vowels:

inglês [ĭŋgleʃ].

Note also the *til* (˜) on *a* and *o* only (to give nasal sound) and the *cedilha* (,), on *c* before *a*, *o* and *u* to give hissing sound. A grave accent (ˋ) is used in a few special cases, e.g. *fàcilmente* (from "fácil"): "*a a*" (to the) becomes *à*.

VOWELS

THE vowel *a* has three main values:

1. Open *a* [phonetic a] in stressed syllables.

nado [náđu], I swim; *remar* [rrəmáɹ], to row.

2. Open *a* [phonetic a], pronounced further back in the mouth than the preceding, used only before *l* and *u*.

mal [mał], ill; *mau* [máŭ], bad.

3. Neutral *a* [phonetic ɐ] like *a* in *among*, is used in unstressed syllables.

porta [póɪtɐ], door; *amigo* [ɐmígu] friend.

This neutral *a* [ɐ] is also used, stressed or unstressed, before *m*, *n*, *nh*.

ama [émɐ], he loves; *cama* [kémɐ], bed; *Ana* [énɐ], Anna; *banho* [béɲu], bath.

The vowel *e* has six main values:

1. Open *e* [phonetic ɛ], which sounds like *e* in English *met*, *set*, or *a* in *fare*, is used:

(*a*) Before final *l*, or *l* plus a consonant.

amável [ɐmávɛł], kind; *automóvel* [aŭtumóvɛł], car; *relva* [rrélvɐ], turf.

(*b*) Whenever *e* bears the acute accent.

América [ɐmɛɹikɐ]; *chapéu* [ʃɐpéu], hat; *comércio* [kumɛɹsiu], commerce; *débil* [débił], weak; *café* [kɐfɛ], coffee.

15

(*c*) In most stressed syllables, especially before the following: *ct*, *rt*, *t*, *g*, *c*, when not final.

perto [péɹtu], near; *neve* [névə], snow; *serra* [sɛrrɐ], mountain; *sete* [sétə], seven; *a vela* [ɐ vélɐ], the sail.

2. Close *e* [phonetic e], pronounced as in *they, great, break*, is used:

(*a*) In the infinitive ending *er* of the second conjugation.

conter [kõntéɹ], to contain; *fazer* [fɐzéɹ], to do.

(*b*) in ê,

mês [meʃ], month; *pêlo* [pélu], hair; *pêra* [péɹɐ], pear.

(*c*) In various stressed syllables difficult to define in precise rules of general application.

aquele [ɐkélə], that; *cabelo* [kɐbélu], hair; *adeus* [ɐdéuʃ], good-bye; *grego* [gɹégu], Greek; *barrete* [bɐrrétə], cap.

3. Short neutral *e* in unstressed syllables [phonetic ə]. It is almost silent as final letter.

corte [kóɹtə], court; *de longe* [də lõʒə], by far; *pegar* [pəgáɹ], to seize; *pesado* [pəzáđu], heavy.

4. Short close *e* [phonetic ɪ], in unstressed syllables, at the beginning of a word, or before final *s*, before *s* + consonant, *x* + consonant; before *ge, gi, j, ch, lh, nh*.

> *espada* [ɪʃpáɖɐ], sword; *escreve* [ɪʃkɪɛvə], he writes; *antes* [éntɪʃ], before; *fechar* [fɪʃáɹ], to close; *desejar* [dəzɪʒáɹ], to desire; *expressar* [ɪʃpɹəsáɹ], to express.

5. Very close sound, phonetic i, before *x* followed by a vowel.

> *exacto* [izátu], exact; *exame* [izémə], examination.

6. [Phonetic ĭ] like *y* in *yet* before *o* or *a* within a word.

> *teatro* [tĭátɹu], theatre.

The vowel *i* has three main values:

1. (*a*) Close *i* [phonetic i], used in stressed syllables, sounds like *ee* in *seed*, or *i* in *machine*.

> *rima* [rrímɐ] rhyme; *rir* [rriɹ], to laugh; *riso* [rrízu], laughter.

(*b*) A similar but more open sound [phonetic i], used before final *l*, before *l* + consonant, and before *u*. It sounds like *i* in *pill*.

> *mil* [miɫ], thousand; *viu* [víŭ], he saw.

(c) The conjunction e (and) has the same sound i.

2. A short close sound [phonetic i] used in unstressed syllables, like the i in *family*.

> *final* [fináɫ], final; *virtude* [viɹtúdə], virtue (ɪ before stressed i); *difícil* [dɪɾísiɫ], difficult, *visita* [vɪzítɐ], visit; *dividir* [dɪvɪdíɹ], to divide.

3. [i̯] Semi-consonantal in diphthongs.

> *glória* [glóɹi̯ɐ], glory; *comédia* [kumédi̯ɐ], comedy.

The vowel o has four main values [ɔ, o, u, ŭ]:

1. Open o [phonetic ɔ] sounds like o in *nor*, *north*, *short*, or o in French *port*. It is used in stressed syllables, especially before l plus consonant.

> *avó* [ɐvɔ́], grandmother; *bola* [bɔ́lɐ] ball, *de cor* [de kɔ́r], by heart; *dó* [dɔ], compassion; *fora* [fɔ́ɹɐ], outside; *móbil* [mɔ́biɫ], movable; *móvel* [mɔ́vɛɫ], piece of furniture (or movable); *nove* [nɔ́və], nine; *volta* [vɔ́ɫtɐ], turn.

2. Close o [phonetic o], sounds like o in English *so*, *rode*, *bone*. It is the commonest of o sounds and is used: (a) before l plus consonant in unstressed syllables; (b) for ô; (c) for *ou*; (d) for o in some stressed syllables; and (e) o before final a.

> (a) *colmar* [koɫmáɹ], to thatch; *solfar* [soɫfáɹ], to paste, glue; *voltar* [voɫtáɹ], to turn.

> (b) *avô* [ɐvó], grandfather; *pôs* [poʃ], he put.

(c) *ou* [o], or; *ouro* [óɹu], gold; *rogou* [rrugó], he asked; *louça* [lósɐ], china.

(d) *fogo* [fógu], fire (but *logo* [lɔ́gu], at once; *loja* [lɔ́ʒɐ], shop); *folha* [fóʎɐ], leaf; *fomos* [fómuʃ], we were; *lobo* [lóƀu], wolf (but *modo* [mɔ́đu], way); *lona* [lónɐ], canvas; *nome* [nómə], name.

(e) *boa* [bóɐ], good; *Lisboa* [lɪʒƀóɐ], Lisbon.

3. Neutral *o* [phonetic u] sounds like *u* in *put*. It is used in almost all unstressed syllables.

caso [kázu], case; *dormir* [duɹmíɹ], to sleep; *dos* [duʃ], of the; *lograr* [lugɹáɹ], to succeed; *o* [u], the; *os* [uʃ], the; *orelha* [uɹéʎɐ], ear; *ovelha* [uvéʎɐ], sheep; *romano* [rruménu], Roman.

4. [Phonetic ŭ], almost a *w* in sound, is usually used before stressed *e* or *i*, and before stressed *a*.

Coimbra [kŭímbɹɐ]; *moeda* [mŭéđɐ], coin; *moinho* [mŭíɲu], mill; *poema* [pŭémɐ], poem; *magoar* [mɐgŭáɹ], to hurt.

The vowel *u* has four main values:

1. *u* [phonetic u], sounds like *u* in *rule*, *oo* in *boot*, *root*, *soup*, or French *ou*. It is used in stressed syllables.

cru [kɹu], raw; *cruz* [kɹuʃ], cross; *número* [núməɹu], number; *luva* [lúvɐ], glove; *tu* [tu] you.

2. *u* [phonetic u], has a slightly shorter sound like *oo* in foot.

disputar [dɪʃputáɹ], to dispute; *estudar* [ɪʃtuɗaɹ], to study; *usar* [uzáɹ], to use; *ocupar* [ukupáɹ], to occupy.

3. *u* [phonetic ŭ], sounds like *w*.

(*a*) It is used before or after *a* or *o*.

água [águɐ], water; *causa* [káŭzɐ], cause; *causar* [kaŭzáɹ], to cause; *língua* [líŋgŭɐ], tongue, language; *qual* [kŭáł], which; *quando* [kŭándu], when; *quatro* [kŭátɹu], four; *vácuo* [vákŭu], empty, or vacuum.

(*b*) It is used for *ü* before *e* and *i*.

argüir [ɐɪgŭíɹ], to argue; *freqüente* [fɹɐkŭéntə], frequent.

4. *u* is silent in the combinations *gu* or *qu* before *e* and *i*.

guerra [gérrɐ], war; *guia* [gíɐ], guide; *quemquer* [kĕiŋkéɹ], whoever; *querer* [kəréɹ], to desire; *quinto* [kíntu], fifth; *quis* [kiʃ], he desired.

The printed *u* after *g* in these words merely shows that *g* is hard as in *go*; *qu* sounds like *k* in *king*.

Diphthongs

A diphthong in Portuguese is a combination of two vowel sounds to form one syllable, though not one sound. Some diphthongs (rising) are stressed on second element, some (falling) are stressed on the first vowel. The strong vowels *a*, *e*, *o*, combine with the weaker vowels *i* and *u* (which often have the semi-consonantal value *y* and *w*), and *i* and *u* also combine together.

The following list includes all the commonly used variations.

ai [aĭ] in stressed syllables, has an open sound as in English *tie, sigh, lie, why*.

> *pai* [páĭ], father; *baixo* [báĭʃu], low.

ai [ɐĭ] in unstressed syllables, has a closer sound like *a* in *among*, followed by *y* as in *badly*.

> *pairar* [pɐiɹáɹ], to hover, *saibamos* [sɐĭƀémuʃ], we may know.

ei [ɐĭ], like *a* in *among* plus *i*.

> *cheio* [ʃéĭu], full, *primeiro* [pɹiméĭɹu], first, *móveis* [móvɐĭʃ], pieces of furniture; *reis* [rréĭʃ], kings; *comeis* [kuméĭʃ], you eat.

éi [ɛĭ] like *a* in *fare*, or *ei* in *heir*.

> *hotéis* [otéĭʃ], hotels *papéis* [pɐpéĭʃ], papers; *réis* [rréĭʃ], coins called rials.

ói [ɔĭ] has open *o*, and sounds like *oi* in *foist*.

> *lençóis* [lẽsɔĭʃ], sheets; *dezóito* [dəzɔĭtu], eighteen.

oi [oĭ] has a similar sound with close *o*.

> *boi* [bóĭ], ox; *oiro* [óĭɹu], gold.

ui [uĭ] sounds like *ui* in *ruin*.

> *fui* [fúĭ], I was; *pauis* [paúĭʃ], swamps.

au [aŭ] stressed or unstressed has a sound like *ou* in *pound, mountain*.

mau [máŭ], bad; *causa* [káŭzɐ], cause; *causar*
[kaŭzáɹ], to cause.

ao [ɐŭ] with *a* as in *above* or *abroad*.

ao [ɐŭ], to the; *aos* [ɐŭʃ], to the.

éu [ɛ́ŭ] has an open sound like *e* in *bet*, plus *u* as in *put*.

céu [sɛ́ŭ], sky; *chapéu* [ʃɐpɛ́ŭ], hat.

eu [eŭ] has a similar sound, but close *e* plus *u* as in *put*.

breu [bɹéŭ], tar; *bebeu* [bəβéŭ], he drank.

ea
ia } [ĭɐ] in unstressed syllables.

féria [fɛ́ɹĭɐ], holiday; *férrea* [férrĭɐ], made of iron.

ie [iɛ]

dieta [dĭétɐ], diet.

ie [ĭə] in unstressed syllables.

espécie [ɪʃpésĭə], kind, sort.

iu
io } [iŭ]

viu [víŭ], he saw; *frio* [fɹíu], cold.

io
eo } [ĭu] with unstressed *o*.

vários [váɹĭuʃ], several; *férreo* [férrĭu], made of iron.

iu [iu] in stressed syllables.

miúdo [mĭúđu], small.

io [iɔ] with open *o*.

> *pior* [pĭɔ́ɹ], worse.

io [io] with close *o*.

> *miolo* [mĭólu], core, brain.

ua [ŭa] in stressed syllables almost *wa*.

> *quatro* [kŭátɹu], four; *suar* [sŭáɹ], to sweat; *suave* [sŭávə], mild.

ua [ŭɐ] in unstressed syllables like *wa* in "flew among".

> *quarenta* [kŭɐɹéntɐ], forty.

oa [ŭɐ] is similarly pronounced.

> *soará* [sŭɐɹá], it will sound.

ue ⎫
oe ⎭ [ŭɛ] with open *e*.

> *moeda* [mŭɛ́đɐ], coin; *sueco* [sŭɛ́ku], Swedish.

ue ⎫
oe ⎭ [ŭe] with close *e*.

> *sueto* [sŭétu], holiday; *poema* [pŭémɐ], poem; *roer* [rrŭéɹ], to gnaw.

ui [ŭi].

> *ruído* [rrŭíđu], noise; *excluir*] [ɪʃklŭíɹ], to exclude; *fuinho* [fŭíɲu], woodpecker.

oi [ŭi].

> *moinho* [mŭíɲu], mill.

Nasal Vowels and Nasal Diphthongs

There are five nasal vowels: ã, ẽ, i, õ, u.

ã [ɐ̃] a close sound, as in French *ain* in *americain* or *an* in English *anchor* [written *ã, an, am*].

> *maçã* [mɐsɐ̃], apple.

ẽ [ẽ] close *e* as in *they, great, break*, nasalised [written *en, em*].

> *cento* [sẽntu], hundred.

i [ĩ] *i* as in *machine* nasalised [i.e. *i* followed by *n* or *m*].

> *cinco* [síŋku], five.

õ [õ] sounds as *an* in French *dans*, or *on* in English *conquer* [written *õ, on, om*].

> *bom* [bõ], good; *com* [kõ], with.

u [ũ] *oo* as in *boot* nasalised [i.e. *u* followed by *n* or *m*].

> *num* [nũ], in one; *um* [ũ], a, one; *dum* [dũ], of one.

Three of these nasal sounds, [ɐ̃], [õ], [ũ], combine with the vowels [ĩ] and [ŭ] to form four nasal diphthongs, and, by repetition, two double diphthongs.

[ɐ̃ĩ] a nasalised neutral *a* + *ĭ*]. It is used for *ãe, ãi*, final *em* (with some exceptions), *êm*, final *en(s)*.

> *mãe* [mɐ̃ĩ], mother; *bem* [bɐ̃ĩ], well; *homem* [ómɐ̃ĩ], man; *nem* [nɐ̃ĩ], nor; *sem* [sɐ̃ĩ], without; *homens* [ómɐ̃ĩʃ], men; *tens* [tɐ̃ĩʃ], you have.

[ɐ̃ŭ] is pronounced as a nasalised neutral ɐ + *ŭ*. It is used for *ão*, and final unstressed *am*.

mão [mɐ̃ŭ], hand; *pão* [pɐ̃ŭ], loaf; *são* [sɐ̃ŭ], they are
or sound (adj.); *estão* [ɪʃtɐ̃ŭ], they are; *compram*
[kõmpɹɐ̃ŭ], they buy; *falaram* [fɐláɹɐ̃ŭ], they
spoke; *falarão* [fɐlɐɹɐ̃ŭ], they will speak.

[õĭ] close *o* in *rode* nasalised plus short [ĭ]. It represents
printed *õe* and former *õi*.

põe [pốĭ], he puts; *lições* [lisốɪʃ], lessons.

[ũĭ]. The written form is *ui*.

muito [mũĭtu or mũĭ́ntu], much; *muitos* [mũĭ́ntuʃ],
many.

There are two double diphthongs. One diphthong
merely follows the other in pronunciation.

[õĭẽĭ] *põem* [pốĭẽĭ], they put;
[ẽĭẽĭ] *têm* [tẽĭẽĭ], they have.

CONSONANTS

THE pronunciation of Portuguese consonants may differ according as they are: *initial*, at the beginning of a speech group; *medial*, within a speech group; or *final*.

*b*anho, ca*b*er, Jaco*b*.

b [b] is pronounced like English *b*, but with less explosive force. It is used when initial, and when medial after all consonants except *s*.

> *banho* [bɐ́ɲu], bath; *bastante* [bɐʃténtə], enough; *baú* [baú], trunk, box; *boca* [bókɐ], mouth; *ambos* [émbuʃ], both.

b [ƀ] resembles *b* in Spanish *estaba*, or *b* with the lips in the position for English *w*, or final *b* in English *cab*, *tab*. The lips are almost brought together. It is used in medial positions: between vowels, before *r* or *l*, or after *s* and when final.

> *o banho* [u ƀɐ́ɲu], the bath; *o baú* [u ƀaú], the trunk; *a boca* [ɐ ƀókɐ], the mouth; *caber* [kɐƀéɹ], to contain; *Cuba* [kúƀɐ], Cuba; *abrir* [ɐƀɹíɹ], to open; *pobre* [póƀɹə], poor; *sobre* [sóƀɹə], on; *sublime* [suƀlímə], sublime; *esbelto* [iʒƀéltu], slender; *esboço* [iʒƀósu], sketch; *Lisboa* [liʒƀóɐ], Lisbon; *sob* [sɔb] under.

b [ƀ] is often used before and after other consonants.

> *observar* [oƀsəɹváɹ], to observe; *obter* [oƀtéɹ], to obtain; *não obstante* [nɐ̃ŭ oƀʃténtə], though; *subjuntivo* [suƀʒũntívu], subjunctive; *sublinhar* [suƀliɲáɹ], to underline; *subscrever* [suƀʃkɹəvéɹ],

to sign; *substantivo* [subʃtĕntívu], substantive; *substituir* [subʃtitŭíɹ], to substitute.

c [k] used only before *a, o, u*, or a consonant.

casa [kázɐ], house; *ficar* [fikáɹ], to remain; *com* [kõ], with; *curto* [kúɹtu], short; *claro* [kláɹu], clear; *fraco* [fɹáku], weak; *criança* [kɹĭɐ́sɐ], child.

c [s] used before *e* or *i* sounds like *s* in *sat*.

cedo [sédu], soon; *certo* [sɛ́ɹtu], certain; *céu* [séŭ], heaven; *cinco* [sĩŋku], five; *esquecer* [ɪʃkɛsér], to forget; *fácil* [fásił], easy.

c [ ] is silent in the combinations *ct, cç*. Note that the preceding vowel has the open quality, even if unstressed.

acto [átu], act; *actual* [atuáł], actual; *carácter* [kɐɹátɛɹ], character; *eléctrico* [ilétɹiku], electrical; *acção* [asĕ́u], action; *direcção* [dirɛsĕ́u], address, direction.

ç [s] used only before *a, o, u*, sounds like *s* in *sat*.

começar [kuməsáɹ], to commence; *façanha* [fɐsɐ́ɲɐ], deed, exploit; *maçã* [mɐsĕ́], apple; *aço* [ásu], steel; *faço* [fásu], I do; *açúcar* [ɐsúkɐɹ], sugar.

d [d] like English *d* with less explosion, is used initially before vowels, and also medially after *l, n, r*.

dente [dĕ́ntə], tooth; *dia* [díɐ], day; *doze* [dózə], twelve; *espádua* [ɪʃpádŭɐ], shoulder; *grande* [gɹĕ́ndə], great; *farda* [fáɹdɐ], uniform.

d [đ] resembles *th* in *though* (with the tongue behind the upper teeth), or a continued forward *d*. Compare Spanish *amado*. It is used in all cases not mentioned in the preceding paragraph. It is used between vowels; in the combinations *dr* (not *rd*) and *sd*; and before most consonants.

nada [náɖɐ], nothing; *o dente* [u ɖɛ́ntə], the tooth; *o dia* [u diɐ], the day; *os doze* [uʒ dózə], the twelve; *ladrão* [lɐɖɹɐ́u], thief; *pedra* [pɛ́dɹɐ], stone; *o drama* [u ɖɹɛ́mɐ], the drama; *desde* [déʒðə], since; *admirar* [ɐɖmiɹáɹ], to admire; *adquirir* [ɐɖkɹiɹí], to acquire; *advérbio* [ɐɖvɛ́ɹbĭu], adverb.

f [f] as in English.

    fato [fátu], suit of clothes.

g [g] used before *a*, *o*, *u* or a consonant, or after *l*, *n*, *r*, has the hard sound of *g* in *get*, *gone*, pronounced further back. It is guttural, and should be practised with the vowel *a*, as in *gato*, *gado*.

    garfo [gáɹfu], fork; *gato* [gátu], cat; *gordo* [góɹdu], fat; *glória* [glóɹĭɐ], glory; *grande* [gɹɛ́ndə], great; *largo* [láɹgu], wide; *carga* [káɹgɐ], load; *algum* [aɫgű], some.

In the combination *gue* and *gui* the *u* is silent, and is used merely to preserve the hard *g* sound.

g [g] used between two vowels, between *s* and a following vowel, and between a vowel and a following *l* or *r*, has a softer and less explosive quality than [g], and is near to *g* in English *mug*.

    logo [lógu], then, soon; *o gado* [u gáɖu], the cattle; *rogar* [rrugáɹ], to ask; *rasgar* [rreʒgáɹ], to tear.

g [ʒ] used before *e* or *i* is somewhat like *z* in English *azure*, *j* or *g* in French *je*, *jour*, *général*, or *s* in English *leisure*.

    gelo [ʒélu], ice; *gente* [ʒɛ́ntə], people; *giz* [ʒiʃ], chalk; *girar* [ʒiɹáɹ], to turn; *reger* [rreʒéɹ], to rule.

h [ ] is always silent.

homem [ómɐ̃ĩ], man.

j [ʒ] pronounced like *g* in *ge*, or *gi*, sounds like *s* in *leisure*.

já [ʒa], now, already; *hoje* [óʒ(ı)], today; *joelho* [ʒŭéʎu], knee; *ajudar* [ɐʒuɖáɹ], to aid; *laranja* [lɐɹáʒɐ], orange.

k [k] as in English.

l [l] used initially, between vowels, or after a consonant, is pronounced as in English, but with the tongue nearer to the upper teeth.

lá [la], there; *leite* [léĭtə], milk; *lua* [lúɐ], moon; *falar* [fɐláɹ], to speak; *claro* [kláɹu], clear.

l [ɫ] used finally (as in *mal*), and medially before a consonant, has a darker sound produced by drawing back the tongue. It resembles the *l* in *fault* or *Olga* or *pawl*, where *l* is preceded by an *o*, *au*, or *aw*. The preceding vowel becomes slightly guttural, and the *l* tends to become *u*.

azul [ɐzúɫ], blue; *cal* [kaɫ], lime; *mal* [maɫ], badly; *faltar* [fɐɫtáɹ] to be wanting.

$\left.\begin{array}{l}\textit{alto, auto}\\ \textit{mal, mau}\end{array}\right\}$ tend to be pronounced alike.

ɪ [ɫl] used when final *l* precedes a word beginning with a vowel.

mil amigos [miɫ lɐmíguʃ], a thousand friends.

m [m] when initial, between vowels, or after a consonant is pronounced as in English.

mais [máĭʃ], more; *mesmo* [méʒmu], same.

m after a vowel and before *b* or *p*, nasalises the preceding vowel, and the *m* is pronounced.

> *embalar* [ĕĭmbɐláɹ], to pack; *empregar* [ĕĭmpɹəgáɹ], to use.

m after a vowel and before a consonant except *b* or *p* nasalises the preceding vowel, but the *m* is either silent (or changed before *k* or *d* and *t*, to [ŋ] or [n]).

> *um contendor* [ũŋ kõntĕndóɹ], a competitor; *em diante* [ĕĭn dĭĕntə], forward; *sem dúvida* [sĕĭn dúviɖə], undoubtedly; *com duas pessoas* [kõn dúɐʃ pəsóɐʃ], with two persons; *eram três* [ɛ́ɹĕŭ(n) tɹeʃ], they were three.

m [ ] Final *m* is silent, but indicates a preceding nasal vowel.

> *bom* [bõ], good; *fim* [fĩ], end; *devem* [dɛ́vĕĭ], they must; *falam* [fálĕŭ], they speak.

n [n] is pronounced as in English, but slightly further forward. It is used when initial, and between vowels.

> *novo* [nóvu], new; *nova* [nóvɐ], new (fem.); *ano* [ɛ́nu], year.

n within a sound group influences, or is influenced by, neighbouring vowels and consonants. When followed by any of the following consonants it always nasalises the preceding vowel, but takes different forms itself, as follows:

1. *n* followed by *d* or *t* is pronounced as a consonant.

> *mando* [mɛ́ndu], command; *manta* [mɛ́ntɐ], (coarse) blanket.

2. *n* [ŋ] followed by a hard *k* or hard *g* sound (*c, q, g*), sounds like *n* in the English words *link, ingle.*

> *branco* [bɹḗŋku], white; *arenque* [ɐɹéŋkə], herring; *manga* [mḗŋgɐ], sleeve.

3. *n* before any other consonant is silent.

> *conceder* [kõsəđéɹ], to grant; *lançar* [lɐ̃sáɹ], to cast; *ênfase* [ḗfɐzə], emphasis; *concha* [kõʃɐ], shell; *anjo* [ḗʒu], angel; *Henrique* [ḗrríkə], Henry; *pensar* [pẽsáɹ], to think; *conveniente* [kõvəniḗtə], convenient.

4. *n* in plural termination of nouns, adjectives and verbs is silent and merely nasalises the preceding vowel.

> *homens* [ómẽɪ̃ʃ], men; *tens* [tẽɪ̃ʃ], you have.

p [p] as in English, *p* is usually silent before *t*. The written *p* indicates that the preceding *a* or *o* has an open sound:

> *adoptar* [ɐđɔtáɹ], to adopt; *baptismo* [batíʒmu], baptism; *excepto* [ɪʃsétu], except; *óptimo* or *ótimo* [ɔ́timu], best; *pé* [pɛ], foot; *prado* [pɹádu], meadow.

q [k] as in English.

> *quadro* [kŭáđɹu], picture.

The letter *r* is produced by rapidly vibrating the tip of the tongue which touches the upper gums.

r [rr] the form with most vibrations, is used.

(*a*) For every initial *r*.

> *rei* [rréɪ̆], king; *rua* [rrúɐ], street.

(*b*) When written *rr*.

ferro [férru], iron; *terra* [tɛ́rrɐ], earth.

(*c*) After *l*, *n*, *s*.

bilro [bíɫrru], bobbin; *honra* [őrrɐ], honour; *Israel* [ízrrɛɫ], Israel.

(*d*) In some words where *r* is preceded by a prefix.

abrogar [ɐƀrrugáɹ], to abrogate; *derrogar* [dərrugáɹ], to derogate.

r [ɹ] pronounced with fewer vibrations, is used.

(*a*) Written singly between vowels.

cara [káɹɐ], face; *tarifa* [tɐɹífɐ], fare.

(*b*) After a consonant (except *l*, *n*, *s*).

braço [bɹásu], arm; *crescer* [kɹəʃéɹ], to grow; *trazer* [tɹezéɹ], to bring.

(*c*) Before a consonant (except *l* and *n*).

perto [péɹtu], near; *amargo* [ɐmáɹgu], bitter.

(*d*) Final *r*.

falar [fɐláɹ], to speak; *flor* [floɹ], flower; *mar* [maɹ], sea.

r [r] This sound, intermediate between *rr* and ɹ, is used only before *l* and *n*.

Carlos [kárluʃ], Charles; *carneiro* [kɐrnéïru], sheep; *forno* [fórnu], oven.

The main values of *s* are [s] [z] [ʃ] [ʒ].

s [s] pronounced like *s* in English *so*, *sing*, *missing*, is used:

(*a*) At the beginning of a word.

saber [sɐƀéɹ], to know; *só* [sɔ], only.

(b) After a consonant.

pulso [púɫsu], pulse; *universidade* [univəɹsiđáđə], University.

(c) When written *ss*.

remessa [rrəmésɐ], shipment.

(d) Internal *sc* (the pronunciation ʃ is preferable).

crescer [kɹəséɹ], to grow; *nascer* [nɐséɹ], to be born.

(e) When *se, si* follow a prefix.

observar [oɓsəɹváɹ], to observe; *insistir* [ĩsɪʃtíɹ], to insist.

s [z] pronounced like *s* in *posed,* is used:

(a) As single *s* between vowels in a word.

casa [kázɐ], house; *mesa* [mézɐ], table.

(b) As final *s* when a vowel begins next word.

as aves [ɐz ávəʃ], the birds; *nós estamos* [nɔz ɪʃsupport támuʃ], we are.

(c) When *s* in the prefix *trans* is followed by a vowel.

transacção [tɹẽzaséu], transaction; *transito* [tɹẽzitu], transit.

s [ʃ] pronounced like *sh* in *flush,* is used:

(a) For final *s*.

luvas [lúvɐʃ], gloves; *pais* [páiʃ], parents.

(b) For final *s*, followed by a word with initial *c, q, f, p, t.*

as quintas [ɐʃ kíntɐʃ], the farms; *os pais* [uʃ páiʃ], the parents.

(c) for s (within a word) followed by c, q, f, p, t.

esforço [iʃfóɹsu], effort; *lasca* [láʃkɐ], splinter; *estudar* [iʃtuðáɹ], to study.

(d) for s in the prefixes *des* and *trans* before c, q, f, p, t.

descalço [diʃkáɫsu], bare-foot; *transporte* [tɹẽʃpóɹtə], transport.

s [ʒ] pronounced like z in English *azure* or s in *pleasure*, is used:

for s before b, d, g, l, m, n, r, v, z.

esboçar [iʒ̆busáɹ], to sketch; *desventura* [diʒvẽntúɾe], misfortune; *deslumbrar* [diʒlũmbɹáɹ], to dazzle; *cisne* [síʒnə], swan.

as rosas [ɐʒ rrózɐʃ], the roses; *os melhores vinhos* [uʒ miʎóɾəʒ víɲuʃ], the best wines.

transbordar [tɹẽʒ̆buɹdáɹ], to overflow.

t [t] as in English.
todo [tódu], all.

The main values of x are [ʃ] [z] [s] [ks] [kʃ].

x [ʃ] pronounced like sh in *show*, is used:

(a) Initially.
xadrez [ʃɐðɹéʃ], chess; *xarope* [ʃɐɹópə], syrup.

(b) Finally.
fénix [féniʃ], phoenix; *Félix* [féliʃ], Felix.

(c) Before a consonant.
excelente [iʃselẽntə], excellent.

(*d*) After a consonant.

enxôfre [ẽʃófɹə], sulphur.

(*e*) Usually between two vowels.

baixo [bɐ̈ɪʃu], low; *feixe* [fɐ̈ɪʃə], faggot; *luxo* [lúʃu], luxury; *roxo* [rróʃu], purple.

(*f*) In *ex* before *c, q, f, p, t*.

exceder [ɪʃsədéɹ], to exceed; *excepto* [ɪʃétu], except; *excursão* [ɪʃkuɹsɐ̈ŭ], excursion; *expelir* [ɪʃpəlíɹ], to expel; *experiência* [ɪʃpəɹĭ̈ésɪ̈ɐ], experience; *extremo* [ɪʃtɹému], extreme.

x [z] pronounced like *z* in *zeal*, is used in initial *ex* before a vowel.

exacto [izátu], exact; *exaltar* [izałtár], to exalt; *exame* [izémə], examination; *executar* [izəkutáɹ], to execute; *exemplo* [izẽmplu], example; *exercício* [izəɹsísɪ̈u], exercise; *exército* [izéɹsitu], army; *exílio* [izílĭu], exile; *eximir* [izimíɹ], to exempt; *existir* [izɪʃtíɹ], to exist; *êxito* [ézitu], outcome.

x [s] pronounced like *s* in the English word *set*, is used between vowels in a few words only.

auxilio [aŭsílĭu], help; *próximo* [pɹósimu], next; *trouxe* [tɹósə], he brought; *maximo* [másimu], maximum.

x [ks] is used in some (usually learned) words where the pronunciation is *ks* in the corresponding English words.

anexo [ɐnέksu], annex; *conexo* [kunέksu], joined. Similarly *crucifixo*, crucifix; *fixar*, to fix; *fixo*, fixed; *flexão*, flection; *flexível*, flexible; *fluxo*, flux; *maxila*, jaw; *obnóxio*, obnoxious; *paradoxo*, paradoxical; *prolixo*, prolix; *sexagésimo*, sixtieth; *sexo*, sex; *táxi*, taxi.

x [kʃ] is sometimes used for final *x* in very few words.

    bórax [bɔ́ɹɐkʃ], borax.

The main values of *z* are [z], [ʃ], [ʒ].

z [z] pronounced like *z* in *zeal*, is used:

(*a*) Initially.

    zangar-se [zɛ̃ŋgáɹsə], to get angry; *zero* [zɛ́ru], zero.

(*b*) Between two vowels.

    dizer [dizéɹ], to say; *fazer* [fɐzéɹ], to do; *pobrezito* [poƀɹəzítu], poor little thing.

(*c*) In liaison.

    o rapaz é bom [u ɹapáz ɛ ƀő], the boy is good; *a luz eléctrica* [ɐ luz ïlétɹikɐ], the electric light.

z [ʃ] pronounced like *sh* in *shall*, is used:

(*a*) Finally.

    o rapaz [u ɹɐpáʃ], the boy; *feliz* [fəlíʃ], happy; *uma vez* [umɐ véʃ], once.

(*b*) Before a voiceless consonant, *c* (= *k* or *s*), *q, p, f, s, t.*

    uma voz fraca [umɐ voʃ fɹákɐ], a weak voice; *o juiz permanente* [u ʒuiʃ pəɹmɐnɛ̃ńtə], the permanent judge.

z [ʒ] pronounced like *z* in *azure* or *s* in *pleasure*, is used before a voiced consonant, *b, d, g, l, m, n, r, v.*

    a luz da manhã [ɐ luʒ dɐ mɐɲɐ̃], the light of morning.

The digraph forms *nh* and *lh* represent single sounds indicated phonetically as follows:

nh [ɲ] (Spanish *ñ*), a single sound combining the two sounds *n* and *y* in o*n*io*n*.

vinho [viɲu], wine.

nh is pronounced by placing the tongue against the roof of the mouth behind the gums, so that the air is expired round one side, or both sides of the tongue.

lh [ʎ] (Spanish *ll*), a single sound combining the two sounds *l* and *y* in mi*lli*on.

olho [oʎu], eye.

lh is pronounced by placing the tongue against the roof of the mouth (slightly further back than for *nh*) so that the air is expired round one side, or both sides, of the tongue.

ch [ʃ] (English *sh*] is a single sound.

chamar [ʃemáɹ], to call.

PART I

LESSON 1

GENDER AND PLURAL OF NOUNS.
"THE" AND "A"

NOUNS are parts of speech: the names of persons and things. They may be singular or plural.

In English nouns are of three genders: masculine for males, feminine for females, and neuter for things.

In Portuguese there are masculine and feminine nouns, but no neuter ones.

As in English, the masculine gender is used for male persons and male animals: *o homem*, the man; *o cavalo*, the horse.

As in English, the feminine gender is used for female persons and female animals: *a mulher*, the woman; *a égua*, the mare.

In Portuguese, however, every noun designating a thing is masculine or feminine. This gender is not connected with sex, but is mostly determined by the termination of the noun.

Most nouns ending in *o* are masculine: *o livro*, the book.

Most nouns ending in *a* are feminine: *a mesa*, the table.

The following simple rule has but few exceptions:

Nouns ending in *a, ade, ez, ice, gem, ã, ção, são, dão* are feminine. Nouns with any other termination are masculine.

THE and A are translated as follows:

	Before masc. noun	Before fem. noun
THE =	*o*	*a*
A =	*um*	*uma*

e.g. *o homem*, the man   *um fósforo*, a match
    a maçã, the apple   *uma flor*, a flower

"THE" before masc. plural nouns is *os*.
"THE" before fem. plural nouns is *as*.

Um and *uma* become *UNS* and *umas* before masc. and fem. plural nouns respectively and mean "some" or "a few".

Plural of Nouns

Nouns may be singular or plural. "Book" is singular, and "books" plural. In English we add *s* or *es* to the singular to form the plural. Similarly, in Portuguese an *s* is added to the singular, but sometimes along with certain alterations in spelling. Study the following:

1. Add *s* to the singular when the noun ends in a vowel (except *ão*).

o *livro*, book	os *livros*, books
o *jardineiro*, gardener	os *jardineiros*, gardeners
a *mesa*, table	as *mesas*, tables
a *rapariga*, girl	as *raparigas*, girls
o *viajante* traveller	os *viajantes* travellers

2. Add *es* to the singular when the noun ends in the consonants *r* or *z*.

o *favor* favour	os *favores*, favours
a *cruz*, cross	as *cruzes*, crosses

3. Change *m* to *ns* when the noun ends in *m*.

o *homem*, man	os *homens*, men
a *nuvem*, cloud	as *nuvens*, clouds

These three simple rules will enable you to form the plural of most Portuguese nouns.

Just as in English there are a few peculiar plurals, such as *oxen, teeth, geese, mice*, so in Portuguese there are a number of nouns and adjectives whose plurals are formed in other ways. But however they may be formed, they always have a final s.

4. Nouns ending in *al*, *el*, *ol*, *ul*, change the *l* into *is* if the accent is on the last syllable.

o *canal*, canal	os *canais*, canals
o *tonel*, cask, pipe	os *tonéis*, casks, pipes (of wine)
o *lençol*, sheet	os *lençóis*, sheets
o *paul*, marsh	os *pauis*, marches

5. Similarly nouns ending in *al*, *el*, *ol*, *ul*, change the *l* to *is* if the accent is not on the last syllable.

o *túnel*, tunnel	os *túneis*, tunnels
o *automóvel*, motor-car	os *automóveis*, motor-cars

6. Nouns ending in *il* change *l* to *s* if the accent falls on the last syllable *il*. Thus *il* becomes *is*.

o *barril*,	os *barris*, barrels

7. But if the accent is not on the last syllable *il*, the *il* changes to *eis*.

o *fóssil*, fossil	os *fósseis*, fossils
o *têxtil*, textile	os *têxteis*, textiles

8. Many Portuguese nouns ending in *ão* are abstract nouns, or semi-abstract nouns, and all of these form the plural by changing *ão* into *ões*.

a *acção*, action	as *acções*, actions
a *lição*, lesson	as *lições*, lessons
a *nação*, nation	as *nações*, nations
a *reacção*, reaction	as *reacções*, reactions

A smaller number of nouns ending in *ão* form the plural by adding *s*.

o *cristão*, Christian	os *cristãos*, Christians
o *irmão*, brother	os *irmãos*, brothers

These can well be learned by reading.

A small number of nouns ending in *ão* change *ão* to *ães*.

o *cão*, dog   os *cães*, dogs
o *capitão*, captain   os *capitães*, captains

These can be learned by reading.

9. Nouns ending in *s* add *es* to form the plural if the stress falls on the final syllable:

o *país*, country   os *países*, countries
o *mês*, month   os *meses*, months

Otherwise there is no change.

o *lápis*, pencil   os *lápis*, pencils

For special rules about the omission or inclusion of articles see Lesson 23.

Vocabulary

a *água*, water   a *flor*, flower
o *amigo*, friend   o *fósforo*, match
o *armazém*, shop   o *gerente*, manager
o *ascensor*, lift   o *homem*, man
o *automóvel*, car   a *igreja*, church
a *bagagem*, luggage   o *irmão*, brother
o *bilhete*, ticket   o *jardim*, garden
o *cadeira*, chair   o *lápis*, pencil
o *caminho*, road   o *lenço*, handkerchief
o *cão*, dog   o *lençol*, sheet
o *carril*, track   a *libra*, pound
a *cidade*, city, town   a *maçã*, apple
o *cigarro*, cigarette   o *médico*, doctor
o *comboio*, train   a *mesa*, table
e, and   a *mulher*, woman
a *estação*, station   o *tabaco*, tobacco
as férias, holidays   o *têxtil*, textile
o *filho*, son   a *voz*, voice
a *filha*, daughter

Exercise 1 (a)

Read the above nouns aloud and learn them for use in Lessons 2 and 3.

Exercise 1 (b)

Write the plural of: o automóvel, o cão, um irmão, a cadeira, uma flor, o filho, a voz, o homem, um cigarro, a libra.

Write the Portuguese for: the shops, the friends, the tickets, textiles, the pencils, some sheets, some apples, the doctors, the lifts, the gardens.

LESSON 2
SUBSTITUTES FOR "THE" AND "A"

THE following list contains all the important substitutes for "THE" and "A" to be used in front of nouns:

	Singular		Plural	
	Masc.	Fem.	Masc.	Fem.
THIS, THESE	este	esta	estes	estas
THAT, THOSE (close at hand)	esse	essa	esses	essas
THAT, THOSE (remote)	aquele	aquela	aqueles	aquelas
A CERTAIN, CERTAIN	certo	certa	certos	certas
ANOTHER, OTHER	outro	outra	outros	outras
ALL[1] (THE)	todo	toda	todos	todas
HOW MUCH, MANY?	quanto	quanta	quantos	quantas
WHOSE	cujo	cuja	cujos	cujas
MUCH, MANY	muito	muita	muitos	muitas
NO, NOT ANY	nenhum	nenhuma	nenhuns	nenhumas
SOME	algum	alguma	alguns	algumas
EACH, EVERY	cada (invariable, with sing. nouns only)			
BOTH			ambos	ambas (with pl. nouns only)
SUCH A, SUCH	tal (m. and f.)		tais (all pls.)	
WHICH? WHAT SORT OF? WHAT A!	que (invariable)			
WHICH (ONE, ONES)?	qual (m. and f.)		quais (all pls.)	
MY	o meu	a minha	os meus	as minhas
HIS, HER, ITS, YOUR,[2] THEIR	o seu	a sua	os seus	as suas
OUR	o nosso	a nossa	os nossos	as nossas

[1] After todo the article is normally used with the noun.
[2] For full explanation of "Your" see Lesson 8.

N.B. Portuguese uses "THE" in conjunction with possessive adjectives, except before blood relations: e.g. *o meu amigo* (lit. "the" my friend), BUT *meu irmão*, my brother.

Exercise 2 (a)

Give the Portuguese for:

The daughters	This garden	That tobacco
Another cigarette	Some churches	Many cities
This station	How many pounds?	His chair
Our friends	A certain woman	Those towns
My handkerchief	All trains	Some matches
Those cars	Our holidays	Such dogs
Both sons	Some tables	Our luggage
Every doctor	Which road?	
Such a man	My brothers	

Exercise 2 (b)

Put into the plural and read aloud: o cão, este lápis, a sua flor, tal voz, esse carril, um têxtil, o ascensor, esta mulher, aquele armazém, uma cadeira.

LESSON 3

PRESENT INDICATIVE OF REGULAR VERBS: NEGATIVES AND QUESTIONS

To make a sentence, a verb (the part of speech expressing an action) is needed, e.g. I *help* my brother, They *sell* tobacco.

The subject pronouns are as follows:

I = *eu*   he
          it (m. noun) } *ele*   she
                          it (fem. noun) } *ela*

we = *nós*   they { *eles* (masc.)
                       elas (fem.)

You is rendered by:

	Sing.	Pl.	
masc.	*senhor* (*o Sr.*)	*os senhores*	⎱ + 3rd person of,
fem.	*a senhora* (*a Sra.*)	*as senhoras*	⎰ verb

(compare English "What *does Madam* think? = What do *you* think?")

[For other forms of "you" see Lesson 8. *tu* and *vos* (used in poetry, oratory, to relatives and close friends) are to be avoided. They will be given for reference in brackets.]

"ONE" (French "on") can be rendered by *todos* or the 3rd pers. pl. of the verb without a pronoun.

N.B. Except for "you", these pronouns are usually omitted as in Latin and Spanish. The ending of the verb is sufficient to show the meaning (see below).

The part of the verb given in the dictionary is the INFINITIVE, meaning "To Go", To Speak", etc. In Portuguese these infinitives have one of three endings. *-AR*, *-ER*, and *-IR* (known as the endings of the 1st, 2nd, and 3rd conjugations.

To say "I go", "*he* speaks", etc., discard these endings and add to the part that remains the following terminations:

	-AR verbs (e.g. *falar*, to speak)	*-ER* verbs (e.g. *vender*, to sell)	*-IR* verbs (e.g. *partir*, to set out)
eu	*fal-O*	*vend-O*	*part-O*
(*tu*)	(*-as*)	(*-es*)	(*-es*)
ele, ela, ⎱ *o senhor* ⎰	*fal-A*	*vend-E*	*part-E*
nós	*fal-AMOS*	*vend-EMOS*	*part-IMOS*
(*vós*)	(*-ais*)	(*-eis*)	(*-is*)
eles, elas ⎱ *os senhores* ⎰	*fal-AM*	*vend-EM*	*part-EM*

Note that *FALO* means "I speak", "I do speak", "I am speaking". *VENDEMOS* means "we sell", "do sell", "are selling".

NEVER translate "do", "does", etc., in these forms.

Negative of Verbs

To say "I do *not* speak", etc., simply put *não* before the verb, e.g. *não falo*, *não vendem*, etc.

To Ask a Question

Either put the verb first, e.g. *Fala o senhor inglês?* = "Do you speak English?" or give an enquiring intonation to the statement, e.g. *Vendem tabaco?* = "Do they sell tobacco?"

Interrogative Pronouns

Learn the following:

who? or whom? = *quem?*   which (one)? = *qual?*
what? = *que?* or *o que?*   which (ones)? = *quais?*

Vocabulary

beber, to drink
buscar, to look for
chamar, to call
comprar, to buy
convidar, to invite
correr, to run
coser, to sew
limpar, to clean
partir, to set out, off
tomar, to take
transferir, to transfer
vender, to sell
a mãe, mother
a rapariga, girl
o sapato, shoe
o vinho, wine

Exercise 3 (a)

Translate into Portuguese:

1. The girl looks for her mother.
2. I am not buying a car.
3. Do you drink this wine?
4. We don't run.
5. I invite my friends.
6. He doesn't clean his shoes.
7. She is sewing.
8. Who is calling the manager?
9. Are you taking much luggage?
10. The train is setting off.
11. Do they sell flowers?
12. We are transferring our luggage.

Exercise 3 (b)

Translate into English:

1. Que comboio toma o senhor?
2. Seu irmão não bebe o vinho.
3. Não falamos português.
4. Partem os senhores?
5. Quais homens buscam o caminho?
6. Compra o vinho?
7. O que vendem aqueles homens?
8. Quem busca o gerente?
9. Não partimos hoje (= today).
10. Esta rapariga não toma uma cadeira.

LESSON 4

"TO BE" AND "TO HAVE": ADJECTIVES

PORTUGUESE, like Spanish, has TWO verbs meaning "to be": *SER* and *ESTAR*. Here are their present tenses:

SER	ESTAR	
sou	estou	= am
(és)	(estás)	
é	está	= is
somos	estamos	= we are
(sois)	(estáis)	
são	estão	= they are

Usage

SER is used with adjectives indicating a *permanent* state and with professions, e.g.

    é alto, he is tall   *sou médico*, I am a doctor

NOTE also the introductory use, e.g.

    é preciso, it is necessary . . .

ESTAR is used with adjectives indicating a *temporary* state and for *temporary* location. It may also be used for *permanent* location, but for geographical position *ser* is more usual, e.g.

    está cansado, he is tired   *está aqui*, he is here
    Lisboa é em Portugal. Lisbon is in Portugal.

There are also TWO verbs meaning "to have": *TER* and *HAVER*. Their present tenses are:

TER	*HAVER*
tenho	hei
(tens)	(hás)
tem	há
temos	h(av)emos
(tendes)	(h(av)eis)
têm	hão

Usage

TER is the verb to use to denote possession and also to make the *perfect tense* followed by a past participle, i.e. *I have seen, he has bought*, etc.

The past participle is stem + *ADO* for *-AR* verbs and stem + *IDO* for others. Thus, *tem comprado* = "He has bought" and *tenho bebido* = "I have drunk".

Only the following uses of *HAVER* need be known:

$há$ = there is / are } (no plural: compare French *il y a*)

há um ano, há um mês = a year ago, a month ago

há de comprar / *hão* } = { he has, / they have to buy

Adjectives

An adjective is a word used to describe the quality of a noun, e.g. a rich man. English adjectives are invariable, no matter what kind of noun they describe, e.g. a rich woman, rich men.

In Portuguese most adjectives have different endings when they describe *feminine* or *plural* nouns. The form found in dictionaries is the one to accompany *masc. singular* nouns.

> e.g. *rico*, rich: *o homem rico*, but *a mulher rica*, *homens ricos, mulheres ricas.*

To make the *feminine* and *plural* forms of the adjective, learn the following rules:

> ending in -*or* add *a* for the feminine except comparatives.
> ending in -*e*, -*m*, -*s*, and -*z* do not change for the feminine.
> ending in -*l* do not change for feminine.
> ending in -*u* add *a* for feminine.
> ending in -*ão* change to *ã* for feminine.

Form the plurals as for nouns with the same endings.

| | *Masc.* | *Fem.* | *Masc.* | *Fem.* |
	Sing.	*Sing.*	*Plur.*	*Plur.*
talkative	falador	faladora	faladores	faladoras
better	melhor	melhor	melhores	melhores
green	verde	verde	verdes	verdes
common	comum	comum	comuns	comuns
polite	cortês	cortês	corteses	corteses
cruel	cruel	cruel	cruéis	cruéis
easy	fácil	fácil	fáceis	fáceis
blue	azul	azul	azuis	azuis
raw	cru	crua	cruas	cruas
vain	vão	vã	vãos	vãs

Many adjectives of nationality are exceptions to these rules. Those ending in *-ês* add *a* for the feminine.

English	inglês	inglesa	ingleses	inglesas

Note also:

German	alemão	alemã	alemães	alemãs
Spanish	espanhol	espanhola	espanhóis	espanholas
European	europeu	europeia	europeus	europeias

Two important adjectives:

good	bom	boa	bons	boas
bad	mau	má	maus	más

Adjectives normally *follow* the noun they describe (for exceptions see Lesson 18),

e.g. an English newspaper, *um jornal inglês.*

Vocabulary

alegre, happy
alugado, booked, taken
branco, white
em, in

espanhol, Spanish
grande, big
pobre, poor
português, Portuguese

preto, black
rico, rich
triste, sad
a bilheteira, ticket-office
a camisa, shirt
o chá, tea
a chávena, cup
a garagem, garage
o hotel, hotel

o jornal, newspaper
a película, film
a plataforma, platform
o quarto, room
de, of, from
onde? where?
para, for
porque? why?
quando? when?

Exercise 4 (a)

Give the Portuguese for:

1. A Spanish church.
2. A white shirt.
3. My black shoes.
4. A big room.
5. Their rich friends.
6. Portuguese newspapers.
7. A poor woman.
8. Those big cars.
9. How many white tickets?
10. A happy girl.

Exercise 4 (b)

Translate into Portuguese:

1. Where is the hotel?
2. The rooms are all taken.
3. Is this the booking office for Lisbon?
4. Is there a doctor in the hotel?
5. Have you a film?
6. I have to set off today.
7. Have you your ticket?
8. Here is the station.
9. Are you happy?
10. We have been sad.

Exercise 4 (c)

Learn and translate into English:

1. Onde há uma garagem?
2. De que plataforma parte o nosso comboio?
3. Aqui estão os nossos bilhetes.
4. Qual é o caminho?
5. A rapariga não está triste.

LESSON 5

PREPOSITIONS: SOME IRREGULAR VERBS

A PREPOSITION is a word used before a noun or a pronoun to show their relation to another word in the sentence.

The book is *on* the table. *On* is a preposition.
He works *for* me. *For* is a preposition.

Portuguese prepositions are (1) simple or (2) compound:

(1) Simple Prepositions

a, to	*em*, in
ante, before	*entre*, between
após, after	*para*, to, for
com, with	*por*, by
contra, against	*sem*, without
de, of, from	*sob*, under
desde, from, since	*sobre*, over
durante, during	*trás*, behind

(2) Compound Prepositions

abaixo de, below, under	*a par de*, beside(s)	*depois de*, after
debaixo de, below, under	*aquém de*, on this side of	*em cima de*, on
acerca de, about, concerning	*à roda de*, around	*em vez de*, in place of
cerca de, near	*a pesar de*, in spite of	*por causa de*, on account of
(a) fora de, out of	*atrás de*, behind	
além de, beyond	*trás de*, behind	*junto a*, near
antes de, before (time)	*detrás de*, behind	*junto de*, near
ao longo de, along	*através de*, through	*perto de*, near
ao pé de, near	*dentro de*, within	

The idiomatic uses of *A*, *DE*, *PARA*, *POR* are difficult and will be learnt gradually by reading (see also Lesson 22). A few special phrases can be learnt at this point:

com pressa, in a hurry
a pé, on foot
em casa, at home
de dia, de noite, by day, by night
bom para comer, good to eat

por terra, por mar, by land, by sea
a, por alugar, to (be) let
por aqui, por ali, this way that way

The prepositions *a*, *de*, *em*, and *por* unite with the definite article as follows:

a + *o* = *ao*	*em* + *as* = *no*
a + *os* = *aos*	*em* + *a* = *na*
a + *a* = *à*	*em* + *os* = *nos*
a + *as* = *às*	*em* + *as* = *nas*
de + *o* = *do*	*por* + *o* = *pelo*
de + *a* = *da*	*por* + *a* = *pela*
de + *os* = *dos*	*por* + *os* = *pelos*
de + *as* = *das*	*por* + *as* = *pelas*

For example:

> *Vou a a igreja* (I go to the Church) becomes *Vou à igreja*.
> *Vão a o café* (They go to the café) becomes *Vão ao café*.

The prepositions *de* and *em* unite with the indefinite article as follows:

de + *um* = *dum*	*em* + *um* = *num*
de + *uma* = *duma*	*em* + *uma* = *numa*
de + *uns* = *duns*	*em* + *uns* = *nuns*
de + *umas* = *dumas*	*em* + *umas* = *numas*

Irregular Verbs

There are comparatively few irregular verbs in Portuguese. Learn the following, which have irregularities only in the 1st *pers. sing.* of the *Present* Tense:

ouço, or *oiço* I hear (from *ouvir*) *peço*, I ask (from *pedir*)
durmo, I sleep (from *dormir*) *cubro*, I cover (from *cobrir*)
perco, I lose (from *perder*)

Other irregular verbs will be introduced gradually. Learn now the present tenses of *IR*, to go and *DIZER*, to say:

IR	DIZER
vou	digo
(vais)	(dizes)
vai	diz
vamos	dizemos
(ides)	(dizeis)
vão	dizem

Vocabulary

abrir, to open
alguém, someone
azul, blue
a cama, bed
o céu, sky
dois, duas (fem.), two
Jorge, George
a porta, door

sempre, always
sim, yes
telefonar, to telephone
o telefone, telephone
a tarde, evening
o tio, uncle
ver, to see

Exercise 5 (a)

Translate into Portuguese:

from the train	a room with two beds
near the station	around the houses
without his luggage	during the evening
in the blue sky	instead of a newspaper
along that road	by telephone
with my daughter	at the door

Exercise 5 (b)

Translate into English:

1. A mesa não está perto da porta.
2. Perco a minha bagagem.
3. Não durmo de dia.
4. Que diz o médico?
5. Alguém está à porta: vou ver quem é.

Translate into Portuguese:

6. When are you going to Lisbon?
7. Are you going to telephone Uncle George?
8. Yes, we are going into the hotel.
9. I am opening the door.
10. I always lose my ticket.

LESSON 6

AUXILIARY VERBS: COMMANDS

AFTER the present tense, the most useful verb construction to learn is that of *auxiliary + infinitive*, i.e. I can go: do you want to see?; he ought to know. *can, want to,* and *ought to* are auxiliary verbs. Here are their present tenses:

PODER	*QUERER*	*DEVER*
posso, I can	*quero*, I want to	*devo*, I ought to
(*podes*)	(*queres*)	(*deves*)
pode	*quer(e)*	*deve*
podemos	*queremos*	*devemos*
(*podeis*)	(*quereis*)	(*deveis*)
podem	*querem*	*devem*

These are followed by the INFINITIVE of any other verb. The infinitive is INVARIABLE, e.g.

posso comprar, I can buy   *devemos esperar*, we ought
queremos tomar, we want to   to wait
   take   *não pode beber*, he can't
     drink

The verb *SABER* (to know *facts*) is also used in the
sense of "to be able" = "to know how to", e.g. *sei nadar*,
I can swim. Learn the present tense:

> *SABER*
> sei
>   (sabes)
> sabe
> sabemos
>   (sabeis)
> sabem

Similar constructions to be learnt at this point are:

1. To go and find, etc.: *ir buscar*, etc., e.g. *vou buscar
   um journal*.
2. To have just bought, etc.: *acabar de comprar*, etc.,
   e.g. *acaba de comprar cigarros*.
3. To begin to run, etc.: *começar a correr*, etc.
4. To like to read, etc.: *gostar de ler*, etc.
5. *Tornar a +* INFIN. = to —— again, e.g. *torno a
   convidar* . . . = I invite . . . again.

Note that some of these have *A* or *DE* before the
infinitive. (See also Lesson 17.)

Commands

To give a command use:

     STEM + *E* (verbs ending in -*AR*)
     STEM + *A* (,,   ,,   -*ER* and -*IR*)

e.g. *Espere!* Wait!   *Mostre-me!* Show me!
     Não fale! Don't speak!   *Venda!* Sell!

Vocabulary

acabar de, to have just
a carta, letter
começar, to begin
dever, ought to
escrever, to write
esperar, to wait
gostar de, to like to
ler, to read
levar, to take, carry, bring
mandar, to send
mostrar, to show

nadar, to swim
não, no
pagar, to pay
pensar, to think
o piano, piano
poder, to be able
querer, to want to
responder, to answer
saber, to know
tocar, to play (instruments)
tornar a + INFIN., to do again

Exercise 6 (a)

Translate into Portuguese:

1. Can you send the film to the hotel?
2. I want to pay.
3. He can't wait.
4. Can you swim?
5. They have just written a letter.
6. Don't answer!
7. He ought to think.
8. My brother is going to find a handkerchief.
9. We are beginning to read the paper.
10. They can't write.
11. Buy a car!
12. Do you like to read books?

Exercise 6 (b)

Answer in Portuguese:

1. Onde está o comboio?
2. Sua mãe sabe tocar piano?
3. Que é um tio?
4. O senhor tem o seu bilhete?
5. Quando dorme o senhor?

Translate into English:

6. Leve esta bagagem à estação!
7. Aquele cão acaba de correr no caminho.
8. Ambos filhos gostam de nadar.
9. Compre essas flores!
10. Vão mandar os lívros.

LESSON 7

PRONOUN OBJECTS. PRONOUNS AFTER PREPOSITIONS. "TO GIVE" AND "TO DO"

THE subject pronouns were given in Lesson 3. In sentences such as "I call him", "we see them", *him* and *them* are also pronouns, but in the accusative case, i.e. direct objects.

In sentences such as "He gives it to me", "I show it to her", *me* and *her* are pronouns in the dative case, i.e. indirect objects. (Note that the word "to" can be omitted, but is still understood, e.g. "Tell me", "give him".)

Pronouns can also be used after other prepositions, e.g. "for us", "behind me". In Portuguese the pronouns used in these different positions are as follows:

		Direct object	Indirect object	After prepositions
me	=	*me*	*me*	*MIM*
(you, familiar)	=	*(te)*	*(te)*	*(TI)*
him (it, masc.)	=	*o*		*ELE*
her (it, fem.)	=	*a*	*LHE*	*ELA*
you	=	*o, a*		*ELE* or *ELA*
us	=	*nos*	*nos*	*NÓS*
(you, pl. familiar)	=	*(vos)*	*(vos)*	*(VÓS)*
them	=	*os* (m.), *as* (f.)	*LHES*	*ELES* (m.) or *ELAS* (f.)

Position of Pronouns

Portuguese pronouns are difficult to use, but a few rules, learnt in order, will soon lead to correct speech and writing. Here are the first four essential rules:

1. In simple positive sentences the pronoun FOLLOWS the verb and is attached to it by a hyphen, e.g. *tenho-o*,

I have it; *mostre-me*, show me. It also follows the infinitive, e.g. *sabe dizer-me?* can you tell me?

2. When *o*, *a*, *os* and *as* follow a verb ending in *-r*, *-s*, or *-z* these letters *r*, *s*, *z* are omitted and the pronouns become *LO*, *LA*, *LOS*, *LAS*, e.g.

damos-os (we give them) becomes *damo-los*
posso beber-o becomes *posso bebê-lo*

(note written accent on vowel of infinitive: -á, -ê).

3. When *o*, *a*, *os*, and *as* follow a verb ending in a nasal sound they become *NO*, *NA*, *NOS*, *NAS*, e.g.

sabem-o (they know it) becomes *sabem-no*
dão-os (they give them) becomes *dão-nos*

4. In *negative* sentences, most *questions*, and some dependent clauses the pronouns *precede* the verb, e.g.

não o tenho, I haven't it.
Quando o vendem? When do they sell it?
o armazém onde os compra. The shop where he buys them.

Learn here the present tenses of two more irregular verbs:

DAR (to give)	*FAZER* (to do, make)
dou	faço
(dás)	(fazes)
dá	faz
damos	fazemos
(dais)	(fazeis)
dão	fazem

Vocabulary

o chapéu, hat	*o guarda-chuva*, umbrella
o cocheiro, driver	*o mendigo*, beggar
o dinheiro, money	*o nome*, name
eis, here is, are	*o pai*, father
o fato, suit	*a viagem*, journey

Exercise 7 (a)

Translate into Portuguese:

1. She gives me my hat.
2. I show him the ticket.
3. He does it: they don't do it.
4. I ought to tell her my name.
5. I can't give them the money.
6. From me: without them.
7. Behind us: with her.
8. Between them: against you.
9. Don't drink it (= the water).
10. He is making it (= the suit). Here it is.

Exercise 7 (b)

Replace the *italic* words by pronouns:

1. Dou *ao mendigo* o dinheiro.
2. Mostro a meu pai *o meu fato*.
3. Não fazem *a viagem*.
4. Dão *ao senhor* o seu chapéu.
5. Não devo tomar *o meu guarda-chuva*.

LESSON 8

PRONOUN OBJECTS (*continued*). **TRANSLATION OF "YOU". VIR** = to come

HERE are two more rules for the use of pronoun objects:

1. When a *direct* and an *indirect* pronoun object come in the same sentence, the INDIRECT always precedes the DIRECT, whether before or after the verb.

2. Before *o*, *a*, *os*, and *as* $\begin{cases} ME, TE, \text{ and } LHE \text{ lose} \\ \text{the } E \\ LHES \text{ loses } -ES \end{cases}$

The *s* of *nos* and *vos* disappears before another pronoun.

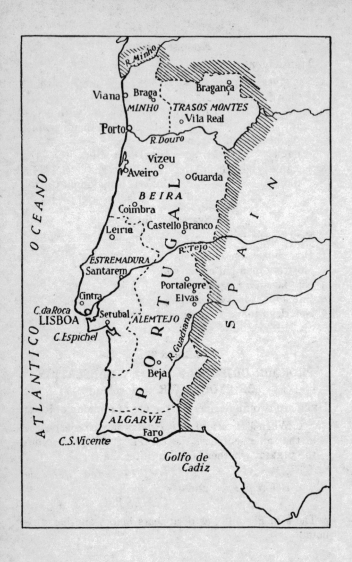

Examples:

> *dá-mo*, he gives it to me
> *diz-no-lo*, he tells it to us
> *não lho dou*, I don't give it to him (her, them)
> *quero dar-lhos*, I want to give him (her, them) them.

[For order of pronouns with relative pronouns, perfect and future tenses, see Lessons 11, 12, and 13.]

Note that after the preposition *DE* the following combinations occur:

> *DE + ele, ela, eles, elas* become *dele, dela, deles, delas*

COM (with) makes the compounds *COMIGO* (with me) and *CONNOSCO* (with us).

Translation of "You"

To assist in reading the following forms of "YOU" (all used with the 3rd pers. sing. or pl. of the verb) are given. The student should continue to use only the forms *o senhor, o senhora* given in Lesson 3.

> *Vossa(s) Excelência(s)* [V.Ex.ª⁽ˢ⁾]: A formal mode of address used to express respect. In quick speech abbreviated to *vossência*. In formal correspondence.
> *Você(s)*: Used between friends and to subordinates.
> *Vossa(s) Senhoria(s)* [V.S.ª⁽ˢ⁾]: Only in formal and commercial correspondence.
> Ex.ª *Senhora Dona* + full name: In correspondence, addressing a lady.
> *Minha senhora*: For "madame" in polite society.
> *O senhor doutor, capitão*, etc.: "How are *you*, doctor, captain?" etc.—in address, i.e. "Como está o Snr. doutor?"

Senhores e amigos, followed by *o nosso amigo*, *os
nossos amigos*: "Dear Sirs" in commercial letters;
"you" in body of letter.

Learn now the present tense of another irregular verb
VIR, to come:

> venho
>   (vens)
> vem
> vimos
>   (vindes)
> vêm

Exercise 8 (a)

Translate into Portuguese:

1. You have to bring the luggage to me.
2. He is coming with his son.
3. He gives the beggar the money.
4. I tell the manager my name.
5. We show the driver our tickets.

Exercise 8 (b)

Repeat Ex. 8 (a), replacing all the nouns by pronouns.

Exercise 8 (c)

Put into Portuguese:

1. He sells them to her.
2. He gives them to them.
3. They show them (dir. obj.).
4. He sends us it.
5. They are coming with us.

LESSON 9

IMPERFECT AND PAST DEFINITE TENSES

So far only the Present Tense has been used. In reading and speaking two more tenses are required at this point.

Study the following sentences:

(a) I was saying.
   He used to live here.
   I dined there every day.

The verbs "was saying", "used to live", "dined" are INCOMPLETED, CONTINUOUS, or REPEATED actions and are in the IMPERFECT tense. Note that "was ——ing", "were ——ing" and "used to ——" always denote this tense.

(b) He fell down the steps.
   The sun rose whilst we were watching.

The verbs "fell" and "rose" are COMPLETED actions and are in the PAST DEFINITE tense. Note that a Past Definite often interrupts a continuous action (Imperf.) as in sentence 2. Note also the *question form* of the past definite: "*Did* he fall?"

Here are the Portuguese equivalents:

Imperfect of the Three Regular Conjugations

-*AR* verbs (e.g. *falar*)	-*ER* and -*IR* verbs (e.g. *vender*, *partir*)
I was speaking, etc.	I was selling, was starting off, etc.

$$
\text{fal} \begin{cases} \text{-AVA} \\ \text{(avas)} \\ \text{-AVA} \\ \text{-ÁVAMOS} \\ \text{(-áveis)} \\ \text{-AVAM} \end{cases}
\qquad
\begin{matrix} \text{vend} \\ \text{part} \end{matrix} \begin{cases} \text{-IA} \\ \text{(-ias)} \\ \text{-IA} \\ \text{-ÍAMOS} \\ \text{(-íeis)} \\ \text{-IAM} \end{cases}
$$

Past Definite

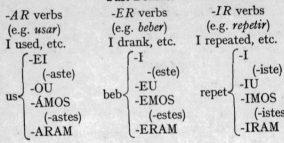

-*AR* verbs (e.g. *usar*) I used, etc.	-*ER* verbs (e.g. *beber*) I drank, etc.	-*IR* verbs (e.g. *repetir*) I repeated, etc.
us { -EI (-aste) -OU -ÁMOS (-astes) -ARAM	beb { -I -(este) -EU -EMOS (-estes) -ERAM	repet { -I (-iste) -IU -IMOS (-istes) -IRAM

Vocabulary

achar, to find
chegar, to arrive
descrever, to describe
então, then
gastar, to spend
a história, story
a manhã, morning
ontem, yesterday

o ovo, egg
pousar, to put down
o relógio, watch
repetir, to repeat
usar, to use
vestir, to put on
o viajante, traveller
a viagem, journey

Exercise 9 (a)

Translate into Portuguese:

1. I bought a watch.
2. Did you repeat the story?
3. The traveller was describing his journey.
4. They used the telephone every day.
5. We spent a lot of money yesterday.
6. His son found the money.
7. Then I put down the telephone.
8. I used to drink wine.
9. The train was starting off when we arrived.
10. I invited him.

Exercise 9 (b)

Read aloud and translate into English:

1. Meu pai vestia o seu fato quando chegámos.
2. (Eu) comia um ovo pela manhã.

3. Ela visitava-me cada mês.
4. A mulher tornou a ler a carta.
5. Começava o médico a escrever o meu nome quando
   pousou o lápis.

LESSON 10
IMPERFECT AND PAST DEFINITE TENSES (*continued*). CONJUNCTIONS

OF the comparatively few irregular Portuguese verbs,
only one or two are irregular in the Imperfect tense.
These should be learnt now:

SER	*TER*	*IR*	*VIR*
era	tinha	ia	vinha
(eras)	(tinhas)	(ias)	(vinhas)
era	tinha	ia	vinha
éramos	tínhamos	íamos	vínhamos
(éreis)	(tínheis)	(íeis)	(vínheis)
eram	tinham	iam	vinham

Irregular Past Definite forms can be learnt gradually
by reading and from the reference section. At this point
the following should be memorised:

IR and *SER* (these have the same form)	*FAZER*	*DIZER*
fui	fiz	disse
(foste)	(fizeste)	(disseste)
foi	fez	disse
fomos	fizemos	dissemos
(fostes)	(fizestes)	(dissestes)
foram	fizeram	disseram

Conjunctions

Sentences such as "We reached the station. The train left" are made far more effective when joined by a word such as "before" or "after". Such words are *conjunctions*. Memorise the following list:

e, and	*ainda que*, although
mas, but	*com*, as
(de) que, that	*porque*, because
logo que, as soon as	*quando*, when
enquanto, while	*senão*, or else

It is useful to note at this point that the verb *ficar* (to remain) is commonly used in Portuguese in the sense of "to be", e.g. *ficou assombrado*, "he *was* amazed".

Vocabulary

o aeródromo, aerodrome	*estar para* + INFIN., to be
o aeroporto, airport	about to ——
a afluência, crowd	*a gente*, people
o avião, plane	*muito*, very
caro, dear	*sair*, to leave (+ *de*)
a conta, bill	*o sobretudo*, overcoat
a direcção, direction	*o táxi*, taxi
domingo, Sunday	*a vez*, time, occasion
entrar, go in	*talvez*, perhaps
o escritório, office	*à pressa*, hurriedly

Exercise 10 (a)

Translate into Portuguese:

1. When I left the hotel they gave me my bill.
2. I went to the hotel, although it was very dear.
3. Did you come yesterday?
4. I know that the porter had my luggage.
5. When we went into the room she was sleeping.

Translate into English:

6. Foram à estação.
7. Disseram-lhe que devia esperar.
8. Fui telefonar ao meu amigo.
9. Entrámos no escritório, porque queríamos pagar a conta.
10. Foi buscar meu irmão a sua bagagem.

Exercise 10 (b)

Read the following passage aloud and translate it into English:

Eram 5 horas da tarde quando me disseram pelo telefone que o avião que partiu de manhã de Inglaterra estava para chegar a Lisboa. Tomei à pressa o meu chá, vesti o sobretudo e saí em direcção ao aeroporto de Sacavém, onde chegava naquele dia o meu amigo Smith, que visitava Portugal pela primeira vez. Chamei um táxi que passava e em cinco minutos me pôs (= put down) no aerodrómo. Havia grande afluência de gente, talvez porque era domingo.

Exercise 10 (c)

Answer the following questions in Portuguese:

1. A que aeroporto chegou o avião?
2. Quem visitava Portugal?
3. Quantos minutos levou o táxi a pôr-me no aeródromo?
4. Que bebia quando ouvi o telefone?
5. Porque havia grande afluência de gente?

LESSON 11

RELATIVE PRONOUNS. USEFUL EXPRESSIONS (1).

"I am staying at the hotel. The hotel is near the
station."

These sentences are obviously more effective in the
following form:

"I am staying at the hotel $\begin{cases} \text{which} \\ \text{that} \end{cases}$ is near the
station."

The words "which" and "that" are *relative pronouns*:
like conjunctions, they join sentences. For persons,
"who" or "whom" would be used.

In Portuguese *QUE* can be used in all these cases, e.g.

a mulher que falava   o homem que foi à casa
uma senhora que vi   os livros que comprei
          o amigo de que falo

(Note its use in Ex. 10 (b) on p. 67)
N.B. Que can never be omitted. Thus, *o dinheiro
QUE tenho*, "the money I have".

Although *QUE* is the commonest relative pronoun and
virtually the only one used in speech, a few other forms
will be found in writing and are given here, largely for
reference:

(i) *QUEM* (invariable), who, whom, referring to
persons only, and preceded by *a* when the object of a
verb, e.g.

a rapariga a quem *encontrei*, the girl (whom) I met

(ii) *O QUAL, A QUAL*
     OS QUAIS, AS QUAIS $\Big\}$ who, whom (best
avoided by the beginner).

OS QUAIS and *AS QUAIS* may replace *QUEM*, e.g.

os homens com OS QUAIS falámos ontem.

and are used before pouco, muito and numerals, e.g.

as maçãs das quais *comi poucas*, $\begin{cases} uma \\ \text{etc.} \end{cases}$ $\begin{cases} \text{one} \\ \text{few} \\ \text{etc.} \end{cases}$ of which I ate

(iii) *CUJO, CUJA, CUJOS, CUJAS* = "whose" and agree in number and gender with the thing possessed and not with the possessor, e.g.

o homem cuja casa . . .   o hotel cujos quartos . . .

In a relative clause note that *pronoun objects precede* the verb, e.g.

> *a viagem para que* me *dão conselho*, the journey about which they give me advice

Useful Expressions (1)

The following list should be memorised:

Até logo. Good-bye (for the present).
Adeus. Good-bye.
Bom dia or *Bons dias.* Good morning.
Boa tarde or *Boas tardes.* Good afternoon *or* evening.
Boa noite or *Boas noites.* Good night.
Que pena! What a pity!
Cuidado! Look out!
Como está o Sr? How are you?
Muito bem. Very well.
Obrigado. Thank you.
Sinto muito. I am very sorry.

O que há de novo? What news have you?
Estimo muito vê-lo. I am glad to see you.
Olá Senhor ——*!* I say, Mr. ——!
com licença, with your permission
um bilhete de ida e volta, a return ticket
com todo o gosto, with great pleasure
Que lhe parece? What do you think (of it)?
Não há remédio. It can't be helped.
Que quer o senhor dizer? What do you mean?

Exercise 11 (a)

Translate into Portuguese:

1. Have you the money with which to buy a return ticket?
2. We went to the village (*a aldeia*) which our friends visited yesterday.
3. The bill which I paid; the doctor whom we called.
4. He bought the book of which I was speaking.
5. In Portugal there are wines, few of which we drank.
6. The eggs they gave us were good.

Exercise 11 (b)

Translate into English:

1. O fato que traz (*trazer* = to wear) o seu pai é negro.
2. Acabo de ler os jornais que me enviou.
3. O porteiro a quem chamou está aqui.
4. Comprou various livros cujos nomes não conheço (*conhecer*, to know).

LESSON 12

COMPARISON OF ADJECTIVES. VER = to see.
IDIOMATIC USES OF VERBS

THE usual ways of forming the *comparative* and *superlative* of adjectives in English are:

(i) Add -ER and -EST to the adjective, e.g. poor, poorER, poorEST.

(ii) Put MORE and MOST before the adjective, e.g. beautiful, MORE beautiful, MOST beautiful.

Portuguese uses the second method, even with adjectives such as "poor".

The COMPARATIVE therefore is:

"MAIS (adjective) *QUE"* = "ADJECTIVE + ER THAN"

> e.g. *Meu tio é mais pobre que o seu* (poorer than his).
> *Esta rapariga é mais linda que aquela* (prettier than . . .).

Learn also:

"LESS (adjective) THAN" = *"MENOS* (adjective) *QUE"*

> e.g. *Este caminho é menos áspero que aquele* (less rough than).

"AS (adjective) AS" = *"TÃO* (adjective) *COMO"*

> e.g. *Sou tão estudioso como Carlos* (as studious as).

The SUPERLATIVE is formed in the same way as the COMPARATIVE:

> e.g. *as raparigas mais lindas* ⎫ *da cidade* =
>   *o mendigo mais pobre* ⎭
>   the prettiest ⎫ in the town
>   the poorest ⎭

(For "least" use *menos*, e.g. *o menos cansado*, the least tired.)

Note also the so-called "absolute superlative", in which NO comparison is involved, e.g. "This woman is most beautiful" (= extremely beautiful). In Portuguese this is formed by adding $\left.\begin{array}{l} -\text{ÍSSIMO} \\ -\text{ÍSSIMA} \end{array}\right\}$ to the adjectives, e.g. *lindíssima* (note the *o* of *lindo* is dropped).

[In this form a few adjectives undergo minor spelling changes, e.g. *rico*, *riquíssimo*.]

Irregular Comparison

A few common adjectives, such as "good", "bad", have irregular comparative and superlative forms in Portuguese and should be memorised:

bom, good; *melhor*, better; *melhor*, *óptimo*, *boníssimo*, (best)

mau, bad; *pior*, worse; *pior*, *péssimo*, *malíssimo*, worst

grande, big; *maior*, bigger; *maior*, *máximo*, *grandíssimo*, biggest

pequeno, small; *menor*, less; *menor*, *mínimo*, *pequeníssimo*, least

alto (high) and *baixo* (low) sometimes have "*superior*" and "*inferior*" for "higher" and "lower".

Learn the irregular present tense of the verb $VER =$ to see:

> vejo
> (vês)
> vê
> vemos
> (vêdes)
> vêem

Idiomatic Uses of Verbs

A number of useful idiomatic phrases are made with common verbs that have already been given. *DAR* and *FAZER* are the basis of the following:

dar um passeio, to go for a walk
dar os bons dias, to bid good day
dar a uma, as cinco, to strike one, five, etc.
dar para (a rua, etc.), to look on (the street, etc.) (of windows)
fazer compras, to go shopping
fazer calor, frio, to be hot, cold
faz vento, it is windy
faz bom (mau) tempo, it is good (bad) weather.

Vocabulary

cálido, hot
cómodo, comfortable
doce, sweet
o emprego, post, job
escolher, to choose
fechar, to close
frio, cold
a fruta, fruit
a irmã, sister
a janela, window
a laranja, orange
a mala, trunk
o melão, melon
o mercado, market
pesado, heavy
puro, pure
o relógio, clock, watch
a rua, street
velho, old

Exercise 12 (a)

Translate into Portuguese:

1. Those oranges are sweeter than this melon.
2. My trunk is the heaviest on the train.
3. His sister went shopping yesterday in the market.
4. He wanted to close the window that looked on to the garden.
5. The clock struck five while I was waiting at the station.

6. Choose a better job!
7. It is colder at night.
8. We have the most comfortable room in the hotel.
9. They saw the oldest man in the village.
10. The water was hotter yesterday.

Exercise 12 (b)

Translate into English:

1. O seu quarto é menos cómodo que o meu.
2. Não dei um passeio ao longo da rua.
3. No mercado vendiam as melhores laranjas.
4. Tenho 18 anos, mas minha irmã é mais velha.
5. Bebe água puríssima.

LESSON 13

FUTURE TENSE AND CONDITIONAL. USEFUL EXPRESSIONS (2)

THE Future Tense (I *shall* go, etc.) and the Conditional (I *would* see, etc.) are very easy to learn.

Future

All regular verbs, no matter which conjugation, and most other verbs, add to the INFINITIVE these endings:

-ei	(This is really the Present Tense of
(-ás)	*haver* without the *h*.)
-á	
-emos	
(-eis)	
-ão	

Conditional

Regular verbs of all three conjugations, and most others add to the INFINITIVE these endings:

-ia   (These are the endings used to make the
  (-ias)   IMPERFECT of -*ER* and -*IR* verbs.)
-ia
-íamos
  (-íeis)
-iam

Examples:

falarEI, I shall speak
escolherÃO, they will choose
beberÍAMOS, we would drink
repetirIA, he would repeat

The only irregular forms to be learnt occur in *DIZER*, *FAZER* and *TRAZER*.

$\begin{Bmatrix} \text{shall} \\ \text{would} \end{Bmatrix}$ say $\begin{Bmatrix} direi \\ diria \end{Bmatrix}$ etc. $\begin{Bmatrix} \text{shall} \\ \text{would} \end{Bmatrix}$ do $\begin{Bmatrix} farei \\ faria \end{Bmatrix}$ etc.

$\begin{Bmatrix} \text{shall} \\ \text{would} \end{Bmatrix}$ say $\begin{Bmatrix} trarei \\ traria \end{Bmatrix}$ etc.

It is a peculiarity of Portuguese that *pronoun objects* are inserted between the STEM and the ENDINGS of the Future and Conditional except where there is a negative or other reason for placing them before the verb. (See Lesson 7.)

Thus:

"they will speak to me" becomes *falar-me-ão*
"I shall repeat it" becomes *repeti-lo-ei*
"we would sell them" becomes *vendê-los-íamos*

Useful Expressions (2)

Here is a further list of useful expressions to be memorised:

Desculpe-me! Excuse me!

Toque. Press (the bell).

Puxe. Pull.

em pane, broken down (of cars, etc.)

saída, way out, exit

entrada, way in

Paragem (facultativa). (Request) stop.

Faça o favor (or *Faz favor*) *de dizer-me* . . . Please tell me . . .

Quando estará pronto? When will it be ready?

Quanto tempo levará? How long will it take?

E proibido fumar. No smoking.

Numa só direcção. One way street.

Passagem proibida. No thoroughfare.

Estacionamento permitido. Parking allowed.

      proibido.   prohibited.

Guarde o troco. Keep the change.

Vocabulary

apanhar, to catch
barato, cheap
o bilhete postal, postcard

dever, to owe,
o quiosque de telefone, call-box
o porte, postage

Exercise 13 (a)

Translate into Portuguese:

1. We shall not catch the train.
2. We shall not catch it.
3. I shall not drink the water: I shall drink it.
4. He will show them to us.
5. We would invite her.
6. If the car is broken down you will have to look for a garage.

7. Is there anyone here who speaks English?
8. I would like to see a cheaper hat.
9. I will take this room.
10. How much do we owe you?

Exercise 13 (b)

Translate into Portuguese:

1. Please tell me where I can buy some postcards.
2. Excuse me: is there a telephone-box in the hotel?
3. What is the postage on a letter to England?
4. Are there any letters for me?
5. When he received the postcard, he was amazed.

LESSON 14

REFLEXIVE VERBS. TRANSLATION OF "MUST" AND "HAVE TO"

I blame myself.   We amuse ourselves.
They deceive themselves.

These three verbs are *reflexive*, i.e. the objects "myself", "ourselves", "themselves" refer to the same person as the subjects "I", "we" and "they".

The Present Tense of *lavar-se*, "to wash oneself", will serve as an example in Portuguese:

lavo-ME	lavámo-NOS (*N.B.* loss of *s* from
(lavas-te)	(lavais-vos) verb ending)
lava-SE	lavam-SE

The pronouns are, of course, the same in other tenses:

acostumaram-se, they accustomed themselves
lavava-me, I was washing myself

Note that *SE* can mean "himself", "herself", "itself", "yourself(ves)", "themselves", "oneself", and *"one another"*.

There are two more important facts about reflexive verbs:

    1. The reflexive form is often used to express the PASSIVE. Thus,

      CHAMO-ME (lit. "I call myself"), "I am called".

    2. A number of verbs are reflexive in Portuguese but not in English, e.g.

      atrever-se, to dare   *queixar-se*, to complain
      disfrutar-se de, to enjoy

"MUST" and "HAVE TO"

Several verbs are used in Portuguese to express the ideas "must" and "have to". The following list will meet all likely needs:

    haver de, e.g. *há de ir*, he is obliged to go, is (going) to go (*often* will go)
    ter de, e.g. *tem de pagar*, he has to (must) pay (*indicating sheer necessity*)
    dever, e.g. (*a*) *deve estar aqui*, he must be here (*supposition*); (*b*) *deve fazê-lo*, he must do it (*as a duty*)

haver que, e.g. *ainda há que fazer*, we still *have* (work)
to do

ter a, e.g. *tenho uma carta para escrever*, I *have* a letter
to write

precisar de, e.g. *preciso de apressar-me*, I have (need)
to hurry.

The table below is given for reference:

Contractions of Prepositions with Demonstratives

de + este	= deste	em + este	= neste
de + esta	= desta	em + esta	= nesta
de + estes	= destes	em + estes	= nestes
de + estas	= destas	em + estas	= nestas
de + esse	= desse	em + esse	= nesse
de + essa	= dessa	em + essa	= nessa
de + esses	= desses	em + esses	= nesses
de + essas	= dessas	em + essas	= nessas
de + aquele	= daquele	em + aquele	= naquele
de + aquela	= daquela	em + aquela	= naquela
de + aqueles	= daqueles	em + aqueles	= naqueles
de + aquelas	= daquelas	em + aquelas	= naquelas
de + isto	= disto	em + isto	= nisto
de + isso	= disso	em + isso	= nisso
de + aquilo	= daquilo	em + aquilo	= naquilo

a + aquele	= àquele
a + aquela	= àquela
a + aqueles	= àquelas
a + aquelas	= àquelas
a + aquilo	= àquilo

Vocabulary

afastar-se, to go away
alegrar-se, to be glad
ali, there
animado, lively
aprazer, to please
aproximar-se, to approach
arrepender-se de, to regret
aviar-se, to hurry
avistar-se, to catch sight of each other
a avó, grandmother
o avô, grandfather
cansar-se, to get tired
casar-se, to get married
cheio, full
cruzar-se, to cross
demorar-se to stay, delay
o empregado, employé
o grupo, group
interromper, interrupt
ir-se embora, to go away
já, immediately, already
lançar, to cast, throw

a língua, language
o lugar, place, seat
a mala, trunk, suitcase
morar, to live, reside
a noiva, fiancée
o noivo, fiancé
notar, to notice
os parentes, relatives
passar-se, to happen
a pista de aterragem, runway
recém, recently
regressar, to return
o rio, river
seguinte, following
a sobrinha, niece
o sobrinho, nephew
a transmissão, broadcast
tratar-se de, to deal with, be a matter of
vago, empty
a vista de olhos, glance, look
à minha volta, around me

Exercise 14 (a)

Translate into English:

1. Entre as muitas línguas que se falam no mundo contam-se as seguintes:

alemão	francês	italiano
árabe	grego	norueguês
checo	holandês	português
chinês	húngaro	russo
dinamarquês	indostano	sueco
espanhol	japonês	turco

2. A gente deve aviar-se. O comboio está cheio. Não há nenhum lugar vago.
3. O comboio demora-se muito porque há tanta gente.
4. Já se vai embora o comboio.
5. A avó e o avô casaram-se há muito tempo.

6. Avistaram-se pela primeira vez em Viana perto do rio.

7. Ficaram noivos (noivo e noiva). Isto aprazeu aos parentes.

8. Casaram-se em Lisboa e regressaram a Viana.

9. Moraram em Santarém perto das suas famílias: o pai, a mãe, dois tios, três tias, quatro sobrinhas, e um sobrinho pequenino.

10. Nunca se arrependeram de escolher uma casa ali.

11. Não se cansam de falar dessa casa.

Exercise 14 (b)

Answer in Portuguese:

1. Como se chama a língua que se fala em França?
2. Quando se casaram a avó e o avô?
3. Porque se alegraram os parentes?
4. Porque é que a gente se deve aviar?
5. Porque se demora o comboio?

Translate into Portuguese:

6. Where are my nephews? They must be at home.
7. You must have a ticket for the train.
8. They are bound to catch sight of each other now (*já*).

Exercise 14 (c)

Read aloud and translate into English:

Enquanto o meu amigo Smith se afastava em direcção à estação lancei uma vista de olhos ao que se passava à minha volta. Vários grupos animados, seguidos de empregados com malas, davam-me a entender que se tratava de viajantes recém-chegados e suas famílias. Notei que as quatro grandes pistas de aterragem se cruzavam precisamente ao centro do aeródromo. Interrompi as minhas observações porque minha sobrinha se aproximava.

LESSON 15

PERFECT, PLUPERFECT AND "SYNTHETIC" PLUPERFECT TENSES. THE VERB "TO KNOW". PÔR, "TO PUT"

THE Perfect and Pluperfect tenses are made as in English, i.e. the Past Participle (see Lesson 4) is added to the appropriate part of the verb "to have". *TER* is the verb used in Portuguese for this purpose.

Thus:

> I have given, etc. (PERFECT), *tenho dado*, etc.
> I had waited, etc. (PLUPERFECT), *tinha esperado*, etc.
> I shall have paid, etc. (FUT. PERF.), *terei pagado*, etc.
> I would have drunk, etc. (COND. PERF.), *teria bebido*, etc.

In Portuguese the Perfect is used for continued or repeated action or a continuous state in the near past, e.g.

> *Tenho estado doente.* I have been ill (lately).
> *Este mês tenho visitado meu irmão três vezes.* This month I have visited my brother three times.
> *Temos gastado muito dinheiro ùltimamente.* We have spent a lot of money recently.

Where a single action is concerned, or a repeated action which is not recent, the Past Definite is used. e.g.

> *O senhor já jantou?* Have you had dinner?
>   (Lit. Did you dine already?)
> *Esteve várias vezes em Portugal.*
>   He has stayed in Portugal several times.

The following three points must be learnt before using the above tenses:

> 1. The past participle remains invariable, whatever the subject. *tem dado, temos dado, teriam dado*

2. The subject must not be place between the two verbs.

> *O senhor tem passado bem?* Have you been keeping well?

3. Pronoun objects ARE placed between the two verbs unless there is a negative or other reason for placing them before the verb. (See Lesson 7.)

> *Tinha-lhe dado* . . . I had given him . . .
>
> *Não o tenho procurado.* I have not been looking for it.

In reading, "HAD received, seen", etc., will be found rendered not only by the Pluperfect Tense as given above but also by the "synthetic" Pluperfect. This is used only in literary style. The student is never obliged to use it, but should be able to recognize it in writing.

The endings of the "Synthetic" Pluperfect for all regular verbs are as follows:

	-AR verbs		*-ER* verbs		*-IR* verbs
	-ara		-era		-ira
	(-aras)		(-eras)		(-iras)
fal	-ara	com	-era	part	-ira
	-áramos		-êramos		-íramos
	(-áreis)		(-êreis)		(-íreis)
	-aram		-eram		-iram

(For the "synthetic" pluperfect of irregular verbs, consult the reference section.)

In sentences such as "I know *that* it is true", "he knows *what* to do, *where* to go", etc., "he knows the *answer*", *SABER* must be used.

When "to know" means "to be acquainted with", "to recognise" (particularly with PERSONS and sometimes with places), *CONHECER* must be used.

PÔR, to Put

This verb occurs very frequently, and the following tenses should be learnt now:

Present Tense	*Imperfect*	*Past Definite*
ponho	punha	pus
(pões)	(punhas)	(puseste)
põe	punha	pôs
pomos	púnhamos	pusemos
(pondes)	(púnheis)	(pusestes)
põem	punham	puseram

Vocabulary

emprestar, to lend
a esquina, corner
o hóspede, guest
o quadro, picture

a tesoura, (pair of) scissors
trabalhar, to work
o velhote, old man
o vizinho, neighbour

Exercise 15 (a)

Translate into Portuguese:

1. Do you know this old man?
2. I knew that he had bought the picture.
3. Why has he bought it?
4. I have been lending him money.
5. We ought to know our neighbours.

Exercise 15 (b)

Translate into English:

1. Partiram quando chegámos.
2. Não conhecemos os hóspedes.
3. Teria tomado a tesoura.
4. Tinham esperado à esquina mas não vieram os seus amigos.
5. Sei que trabalharam todo o dia.

LESSON 16

THE INFINITIVE. PERSONAL INFINITIVE. TRAVELLERS' VOCABULARY

IN all sentences used so far the INFINITIVE following an auxiliary verb has been *invariable*:

vou comprar	queremos saber
vão comprar	não posso ver

A similar invariable infinitive can be used after certain *prepositions*:

necessito um livro para *ler*, I need a book (in order) to read, for reading

olhou sem *ver*, he looked without seeing

(Note that the infinitive is equivalent to an English verb ending in -ING.)

The important point in all the above cases is that only ONE person is involved at a time, i.e. in *vou comprar*, "I am going to buy", "I" do the "going" and the "buying"; in *olhou sem ver*, "he" is the subject of both the "looking" and the "seeing".

When the subjects of the two verbs are different, e.g. "We arrived without you knowing", Portuguese uses a form of the infinitive with special endings, peculiar to this language. This is known as the "personal infinitive." This is sometimes equivalent to an English possessive, e.g. "We arrived without YOUR knowing."

The endings for all verbs, both regular and irregular are as follows:

—
-es
—
-mos
-des
-em

As there are no special endings for the first and third singular, it is necessary to use the subject pronoun.

e.g. They arrived without my knowing, *Chegaram sem eu saber*.

On seeing $\left.\begin{array}{l}\text{him do}\\\text{his doing}\end{array}\right\}$ this, they were sorry,

À vista de ele fazer *isso, arrependeram-se*.

Travellers' Vocabulary

The following is a useful list of words:

a chemist's, *uma farmácia*
the post-office, *o correio*
the hospital, *o hospital*
the police-station, *o posto de polícia*
the "zoo", *o jardim zoológico*
the square, *a praça*
the taxi, *o táxi*
stamps, *os selos*
the customs, *a alfândega*
a sleeping berth, *um beliche*
the Underground, *o Metropolitano*

a lavatory, *um toilette*
the park, *o parque*
the museum, *o museu*
a restaurant, *um restaurante*
the monument, *o monumento*
a parcel, *um embrulho, uma encomenda*
a laundry, *uma lavandaria*
the dining car, *o vagão-restaurante*
the waiting-room, *a sala de espera*

Exercise 16 (a)

Give the English for:

1. Sem gostarmos da música.
2. Entrei sem me verem os senhores.
3. Notou passarmos.
4. Passei sem os ver.
5. Passei sem me verdes.

Exercise 16 (b)

Translate into Portuguese:

1. I laughed (see *rir* in verb section) without their hearing me.

2. He lives without working.
3. I can't see them.
4. I have enough money to buy a watch.
5. There is a chance (*a probabilidade*) of their being punished (*punidos*).
6. Where is there a good restaurant?
7. I have several parcels with me.
8. We want two berths.
9. I want to send some shirts to the laundry.
10. Where is the nearest post-office?

LESSON 17
OTHER USES OF THE INFINITIVE

Two further uses of the infinitive must be known:

1. *Ao* + infinitive = "upon —ing", e.g. *Ao ir*, "upon going".

It will be seen that this expresses "When (any person) goes ⎱ ". Thus:
went ⎰

Ao ir, pagará. When he goes, he will pay.
Ao ir, pago. When I go, I pay.
Ao ir, pagaram. When they went, they paid.

Note that the *Personal Infinitive* too can be used in this way:

Ao irem, pago. When they go, I pay.
Ao partirmos, chegou o nosso amigo. When we left, our friend arrived.

2. *A* + infinitive expresses "if", e.g.

A crer isto, não teria mais confiança nele. If I believed that, I would have no more confidence in him.

Many useful verbs such as *alegrar-se*, "to be glad", can be followed by the infinitive of another verb, but *DE* has to be placed between them.

> *Alegro-me DE ver a minha mulher*. I am glad to see my wife.

Some of these verbs were mentioned in Lesson 6. Here is a fuller list of verbs followed by *DE*:

(*a*) Reflexive verbs—

> *alegrar-se de*, to be glad to
> *cansar-se de*, to get tired *of*
> *esquecer-se de*, to forget to
> *lembrar-se de*, to remember to
> *tratar-se de*, to be a question of

(*b*) Others—

> *acabar de*, to have just
> *deixar de*, to cease to
> *impedir de*, to prevent *from*
> *ter* ⎱
> *haver* ⎰ *de*, to have to
>
> *cessar de*, to cease to
> *gostar de*, to like to
> *precisar de*, to need to

The following verbs require *A*:

(*a*) Reflexive verbs—

> *acostumar-se a*, to accustom one's self to
> *animar-se a*, to pluck up courage to
> *meter-se* ⎱
> *pôr-se* ⎰ *a*, to begin, set about to
> *decidir-se a*, to decide to
> *apressar-se a*, to hasten to
> *tardar-se a*, to be slow to

(*b*) Others—

> *aconselhar a*, to advise to
> *aprender a*, to learn to
> *convidar a*, to invite to
> *ensinar a*, to teach to
> *principiar a*, to begin to
> *vir a*, to happen to
> *ajudar a*, to help to
> *começar a*, to begin to
> *continuar a*, to continue to
> *obrigar a*, to oblige to
> *tornar a* ⎫
> *voltar a* ⎭ to do ... again

Note also the idiomatic use of *andar a* and *estar a*:

> *Que anda a fazer?* What is he (in the course of) doing?
> *Está a ler um jornal.* He is (busy) reading a paper.

Learn also *ocupar-se EM*: *ocupa-se em escrever*, he is busy writing.

Exercise 17 (a)

Translate into Portuguese:

1. When the travellers entered the station, the train had left.
2. They have just invited me to take coffee in the square.
3. The dog began to run.
4. He will remember to visit us.
5. The old man ceased to laugh.
6. If we said that, we should be sorry.
7. I have given up smoking.
8. When we spoke, the neighbours understood.

9. What is your brother writing?
10. He is busy helping George with his exercise.

Exercise 17 (b)

Translate into English:

1. Gosta o senhor de estar em Lisboa?
2. Os viajantes principiaram a sair do táxi.
3. Obrigaram-na a sair.
4. Andavam a buscar um médico.
5. Aprendo a falar português.

LESSON 18

PASSIVE VOICE. POSITION OF ADJECTIVES

VOICE is the form of the verb which shows whether the
subject of the sentence is the doer of the action, or the
receiver of the action expressed by the verb.

If the subject is the agent, the doer of the action, the
verb is in the *active voice*.

If the subject is the receiver of the action, the verb is
in the *passive voice*. Thus, in: *O jardineiro cortou a árvore*
(The gardener cut the tree), the verb *cortou* is in the
active voice, for the subject of the sentence was the doer
of the action.

But in: *A árvore foi cortada pelo jardineiro* (The tree
was cut by the gardener), the verb *foi cortada* is in the
passive voice, for the subject of the sentence was the
receiver of the action.

In the passive voice some tense of the verb *SER*, "to
be", is always used, and it is always followed by a past
participle which agrees with the subject in number and
gender. "By" a person is rendered by *POR*. Study:

Eu fui curado pelo médico. I was cured by the doctor.

Os senhores serão curados pelo médico. You will be cured by the doctor.

As árvores serão cortadas amanhã. The trees will be cut down tomorrow.

As dívidas teriam sido reclamadas pelo credor ontem. The debts would have been claimed by the creditor yesterday.

Estes tecidos e ferragens têm sido importados da Inglaterra. These textiles and hardware have been imported from England.

Many phrases have the same appearance as true passives, but they express no action. They merely express description or state. *ESTAR* (not *ser*) is used in these cases, with an abbreviated past participle (see p. 125).

 (i) *A conta foi pagada por mim.* The account was paid by me.

This is in the passive voice, as it expresses an action in which the subject *conta* is the receiver of the action.

 (ii) *(Verifiquei que) a conta estava paga.* (I found that) the account was paid.

This is merely a description. "I found that it was all right—it was a paid bill."

Portuguese is a flexible, adaptable language, and various locutions are used as substitutes for the passive voice.

The commonest are:

(1) The reflexive. (Only possible when "by ..." is not included.)

Partiu-se uma cadeira = Uma cadeira foi partida.
Literally, A chair broke itself = A chair was broken.

Arranjar-se-á o jantar = O jantar será arranjado.
Literally, The dinner will fix itself = The dinner will be prepared.

(2) 3rd person plural of the verb.
Nomearam-no Primeiro Ministro = Foi nomeado Primeiro Ministro. They named him Prime Minister = He was appointed Prime Minister.

Position of Adjectives

The general rule is that adjectives *follow* the nouns they describe (see Lesson 4).

The following *always precede* the noun:

meio, half; *muito*, much; *pouco*, small

A few adjectives can be placed *either* before *or* after the noun: these have a different meaning in each case:

novo,   e.g. *o advogado novo*, the young (newly-qualified) lawyer
          um novo advogado, a new (fresh, different) lawyer

bom,   e.g. *um homem bom*, an honest man
          um bom homem, a good fellow

certo,   e.g. *um certo amigo*, a certain friend
          um amigo certo, a dependable friend

grande, e.g. *um homem grande*, a tall (big) man
          um grande homem, a great man

pobre,   e.g. *uma mulher pobre*, a poor (poverty-stricken) woman
          um pobre homem, a poor (unfortunate) chap

Exercise 18 (a)

Translate into Portuguese:

1. The luggage was carried by a porter.
2. The table was covered with books.
3. All his money was lost.
4. Such big houses are not often sold. (Often = *a miúde*.)
5. My letter will be received tomorrow.
6. Our bill had been paid.
7. His friend was called Peter (= *Pedro*).
8. The new neighbours had been visited by the doctor.
9. That is not done in Portugal.
10. He was appointed professor (= *professor*).

Vocabulary

ameno, pleasant	*costumado*, usual, customary
o aniversário, birthday	*festejar*, to celebrate
aquecido, heated	*o fogão*, stove
assobiar, to whistle	*o inverno*, winter
o braço, arm	*de mansinho*, very gently
o brinde, toast (of health)	*regado a*, washed down with
a cavaqueira, chat, gossip	

Exercise 18 (b)

Translate into English the following passage of more literary Portuguese:

A família do Jorge Aguiar tinha convidado uns amigos para festejar o aniversário de seu filho. Depois dos brindes costumados, regados a delicioso vinho do Porto, todos se levantaram e dirigiram para a sala de visitas, onde uma atmosfera aquecida por elegante fogão e umas cadeiras de braços convidaram a cavaqueira amena. O vento que assobiava fora lembrava a toda a gente que o inverno ainda não terminara. Uma criada nova serviu o café e alguns licores e saiu, fechando a porta de mansinho.

LESSON 19

ADVERBS. NEGATIVES

ADVERBS modify the meaning of a verb, adjective or other adverb: to sing *sweetly*, a *very* bitter orange, *most* easily.

Kinds of Adverbs

Time. *agora*, now; *ainda*, still; *a miúde*, often; *antes*, before; *anteontem*, day before yesterday; *cedo*, early; *depois*, afterwards; *então*, then; *hoje*, today; *já*, already; *já não*, no longer; *jamais*, never; *logo*, then, soon; *nunca*, never; *ontem*, yesterday; *pois*, then; *pronto*, soon; *sempre*, always; *tarde*, late; *todavia*, still.

Place. *abaixo*, below; *acima*, above; *acolá*, yonder; *aí*, there; *além*, beyond; *algures*, somewhere; *ali*, there; *ao redor*, around; *aqui*, here; *atrás*, behind; *cá*, here; *debaixo*, below; *dentro*, inside; *fora*, outside; *lá*, there; *longe*, far; *perto*, near.

Manner. *bem*, well; *enfim*, finally; *mal*, bad; *melhor*, better; *pior*, worse; *sequer*, at least.

Degree. *acaso*, perhaps; *ainda*, even; *apenas*, scarcely; *assaz*, sufficiently, rather; *assim*, so; *bastante*, sufficiently; *demais*, too much; *mais*, more; *menos*, less; *muito*, much; *pouco*, little; *só*, only; *sòmente*, only; *quase*, almost; *também*, also; *tão*, so; *tanto*, so much; *talvez*, perhaps; *não*, no; *nem*, nor; *sim*, yes.

There are numerous adverbial phrases formed by joining together two other parts of speech.

às avessas, upside down; *até aqui*, until now; *daqui em diante, daí em diante*, henceforth; *debalde*, in vain; *de cor*, by heart; *de propósito*, purposely; *de quando em quando, de vez em quando*, from time to time; *devagar*, slowly; *em cima*, above; *em vão*, in vain.

Remember also the important adverbs: *como*, how; *onde*, where; *donde*, whence; *quando*, when; *quanto*, how much.

The Formation of Adverbs

Most adverbs are formed by adding *mente* to the feminine form of the corresponding adjective, just as *ly* is added to the English adjective.

> *perfeitamente*, perfectly, from *perfeito*
> *claramente*, clearly, from *claro*

If the adjective has the same form for both genders, then *-mente* is added to that form, e.g.

> *feliz*, happy; *felizmente*

Adjectives with an *acute* accent change this to a *grave* (`) when *-mente* is added, e.g.

> *fácil, fàcilmente, só, sòmente*

When more than one adverb is used successively, *mente* is used only after the last adjective.

> *Trabalha laboriosa e cuidadosamente.* He works laboriously and carefully.
> *Fala clara e ràpidamente.* He speaks clearly and quickly.

The Position of Adverbs

The adverb precedes the adjective which it modifies.

muito tarde, very late; *tão caro*, so dear.

The adverb usually follows the verb which it modifies.

Chegará quanto antes. He will arrive as soon as he
can.
As meninas gostam muito de flores. The young ladies
like flowers very much.

In a few cases the adjective (without *mente*) is used
instead of the adverb.

alto, loudly; *baixo*, low; *barato*, cheap(ly); *bastante*,
enough; *breve*, short(ly); *caro*, dear(ly); *certo*,
certainly; *claro*, clearly; *forte*, strongly; *só*, only;
rápido, rapidly; *súbito*, suddenly.
e.g. *fala alto*, he speaks loudly
Recentemente, "recently", + adjective becomes
recém, e.g. *recém-nascido*, "newly-born"

Comparison of Adverbs

Like adjectives, adverbs form the comparative and
superlative by prefixing *mais*.
A few adverbs have irregular comparative forms.

bem, well	*melhor*, better	*melhor*, best
mal, badly	*pior*, worse	*pior*, worst
muito, much	*mais*, more	*mais*, most

Other comparisons are formed as follows:

tão . . . como, as . . . as
muito, very
mais . . . (do)que, more . . . than

Negatives

(i) A number of useful words, among them some of the foregoing adverbs, can be considered as substitutes for *não*.

Compare:

(i) Não *revelou o nome.* He did not reveal the name.

(ii) Nunca *revelou o nome.* He never revealed the name.

Like *nunca* are *jamais* (also = never (fut.)), *ninguém*, "no one", *nada*, "nothing", and *nem sequer*, "not even" *nem . . . nem*, neither . . . nor and *nenhum(a)*, no (adj.)

Jamais revelará o nome. He will never reveal the name.

Ninguém se atreverá a suspeitar a verdade. No one will dare to suspect the truth.

Nem sequer o canário cantava na sua gaiola de arame. Not even the canary sang in its wire cage.

Nada poderia interpretar melhor o seu pensamento. Nothing could better interpret his thought.

Nem fala nem escreve. He neither speaks nor writes.

Nenhum comboio chegou ontem. No train arrived yesterday.

(ii) It is important to note that words of this type can also appear AFTER the verb without change of meaning. When this happens *não* must ALSO be used BEFORE the verb. For example, *ninguém se atreverá* and *não se atreverá ninguém* both mean "no one will dare". Similarly, *não fala nunca* can be put for "he never speaks".

(iii) A few extremely useful negative expressions are used *only* in this way, with *não* preceding. These are:

não . . . algum(a), no, not any (more emphatic)

E.g. *O gerente não deu resposta alguma.* The manager gave no reply at all.

não . . . senão, nothing but, only

E.g. *O livreiro não tem senão edições baratas.* The bookseller has only cheap editions.

não . . . mas sim . . ., not A, but B (a complete contrast)

E.g. *Não sai de dia, mas sim de noite.* He doesn't go out by day, but by night.

Vocabulary

aceso, lit
isto, this (thing
isso
aquilo } that (thing)
isto é, that is to say . . .
isto convém, that is all right
cuidadoso, careful

feito (Past Participle of *fazer*), made
hábil, skilful
o lume, fire
o móvel, piece of furniture
o preço, price
o lavrador, farmer
industrioso, industrious

Exercise 19 (a)

Translate into English:

1. Não o quereria por nenhum preço.
2. Jamais me hei de esquecer daquilo.
3. Os velhotes não se aviam nunca.
4. Comprei caro este automóvel e terei de vendê-lo barato.
5. Quando cheguei já estavam acesos os lumes.

Exercise 19 (b)

Translate into Portuguese:

1. Please speak quietly.
2. Farmers work industriously.
3. He will pay dearly (for) it.
4. She went sadly out of the room.
5. The furniture was cleverly and carefully made.

LESSON 20

NUMBERS. MONEY. DATES

Cardinal Numbers

0	zero	19	dezanove
1	um, uma	20	vinte
2	dois, duas	21	vinte e um (a)
3	três	22	vinte e dois (duas)
4	quatro		—and so on
5	cinco	30	trinta
6	seis	40	quarenta
7	sete	50	cinquenta
8	oito	60	sessenta
9	nove	70	setenta
10	dez	80	oitenta
11	onze	90	noventa
12	doze	100	cem
13	treze	101	cento e um
14	catorze	200	duzentos (as)
15	quinze	300	trezentos (as)
16	dezasseis	400	quatrocentos (as)
17	dezassete	500	quinhentos (as)
18	dezoito	600	seiscentos (as)

700	setecentos (as)		1,001	mil e um
800	oitocentos (as)		2,000	dois mil
900	novecentos (as)		1,000,000	um milhão
1,000	mil		3,000,000	três milhões

Note the following points:

(i) In all numbers such as 45, 67, 82 *e* is placed between the Portuguese words, i.e. *quarenta e cinco*, etc.

(ii) "One" is not translated before *cem* or *mil*. Hence *cem pessoas*, "one hundred persons", *mil artigos*, "one thousand articles".

(iii) Although *cem* means "one hundred", the form *cento* is used whenever 100 is followed by another number.

(iv) *milhão* and *milhões* are followed by *de* before a noun or pronoun:

um milhão de habitantes ou dois milhões deles, a million inhabitants or two million of them.

Money

The Portuguese unit of currency is the *escudo*, divided into one hundred *centavos*. It is also regarded theoretically as equal to 1,000 *réis* (pl. of *real*), hence its former name, the *mil-réis*. Thus one *centavo* equals ten *réis*. 1,000 *escudos* is *um conto*.

Some typical amounts would be printed and read as follows:

2$00 = *dois escudos*
2$50 = *dois (escudos) cinquenta (centavos)*
1547$85 = *um conto quinhentos e quarenta e sete escudos e oitenta e cinco centavos.*

The following terms may also be met:

um vintém = 2 centavos   um tostão = 10 centavos
uma coroa = 50 centavos

The unit of currency in Brazil is the cruzeiro = 100 centavos.

Dates

Learn the names of the months and days of the week:

Janeiro	Julho
Fevereiro	Agosto
Março	Setembro
Abril	Outubro
Maio	Novembro
Junho	Dezembro

domingo, Sunday	quinta-feira, Thursday
segunda-feira, Monday	sexta-feira, Friday
terça-feira, Tuesday	sábado, Saturday
quarta-feira, Wednesday	

The *first* of the month is now usually referred to as (*o dia*) *um*, except in the case of New Year's Day, which is *o primeiro de Janeiro*. For all other days of the month the cardinal number is used.

The date is expressed as in the following examples.

Thursday, March 30th, 1961, *quinta-feira, trinta de Março de mil e novecentos e sessenta e um*
Saturday, 2nd April, 1960, *sábado, dois de Abril de mil e novecentos e sessenta*

(Note that all the English forms "2nd April", "April 2nd" "2nd of April", etc., are given the same form in Portuguese, i.e. *dois de Abril*.)

The date at the head of letters, bills, etc., appears as
8 *de Março de* 1959, 12 *de Junho de* 1961, etc.

Sometimes *o* is placed before the number in the date
(*o quinze*, etc.) without changing the meaning.

"*On* the 15th" is *a quinze* or *no dia quinze*.

There are two ways of asking the date: *A quantos
estamos hoje?* and *Que dia do mês é hoje?* The answers
would be: *estamos a dez*, etc., and *estamos no dois*, etc.

Vocabulary

o almoço, lunch
o pequeno almoço, breakfast
o ananás, pineapple
o aposento, room
a assistência, relief, help
avaliar, to estimate, value
a batata, potato
o biscoito, biscuit
o cacau simples, cocoa only
o cama, bed
a compra, purchase
a conta, account
o correio, post(age)
o desembolso, money paid out
 of pocket
a despesa, expense
a diária, daily cost
a dormida, sleeping, bed
o engano, deception, mistake
o estrago, damage, breakage
o estrangeiro, foreigner
evitar, to avoid
facilitar, help, make possible
a factura, invoice
o figo, fig
Snr. Fulano, Mr. So-and-So

a meia-garrafa, half bottle
o hóspede, guest
ignorar, not to know
o imposto, tax
o leite, milk
a moeda, coin
o nível, level
a pensão, food and lodging
o pêssego, peach
o prato, plate, dish
razoável, reasonable, moderate
regular, settle, put in order
regular, adj. ordinary
a roupa passada a ferro, clothes
 ironed
por aí adiante, from there
 upward
o sabonete, cake of soap
a toada, tenor, tune, order,
 sound, rate
o tostão, coin, one-tenth of an
 escudo
transportar, to carry forward
o vinho de consumo, ordinary
 wine
o xarope, syrup

Exercise 20 (a)

Read and study the hotel bill opposite:

GRANDE HOTEL DO PARQUE

LISBOA.   RUA VIANA 123
Tel. 98. 765.   Factura No. 2.

O Exmo. Snr. João Silva.

Para evitar enganos pede-se aos Srs hóspedes para regular as suas
contas todos os oito dias.

Quarto No.			Lisboa 20 de Março de 1969.			
	Dia 20.	Dia 21.	Dia 22.	Dia 23.	Dia 24.	Dia.
Transporte . .		38 00	77 00	115 00	153 00	
Dormidas . . .						
Pensão	120 00	120 00	120 00	120 00	120 00	
Pequeno Almoço . .						
Almoços . . .						
Jantares . . .						
Serviço . . .						
Serviço no quarto .						
Biscoito, sandwiches .						
Fruta . . .	6 00		6 00	6 00		
Chá, Café ou leite simples .		5 00				
Cacau ou chocolate simples .						
„ „ completo						
Vinho da mesa . .						
Vinho do Porta ou Madeira .						
Cognac, genebra, licores .						
Cerveja . . .						
Agua Seltz, minerais, etc. .						
Xaropes, limonadas . .						
Correio, telégrafo . .						
Automóveis . . .						
Roupa passada a ferro .						
Banhos . . .						
Sabonete . . .	8 00	8 00	8 00	8 00	8 00	
Bagagens . . .						
Diversas despesas . .						
Estragos no aposento .						
Desembôlso . .						
A Transportar . .	134 00	267 00	401 00	535 00	663 00	
Imposto de turismo . .					30 00	
					693 00	
				10% Serviço	66 00	
					759 00	

Exercise 20 (b)

Answer in Portuguese:

1. Quanto custou a pensão no Grande Hotel do Parque?
2. Em que dia foi apresentada a conta?
3. De que gostava mais o senhor hóspede?

4. Quantas vezes comeu fruta?
5. Quantas vezes tomou ele um chá simples?
6. Em que ano estamos agora?
7. Em que mês estamos hoje?
8. Onde é que a unidade monetária se chama cruzeiro?
9. Quantos centavos contém esta moeda?

LESSON 21

NUMBERS (*continued*). TIME OF DAY. AGE. FRACTIONS. SEASONS

Ordinal Numbers

primeiro (*a*) (*os*) (*as*)	1st	*quinquagésimo* (*a*) (*os*) (*as*)	50th
segundo	,,	2nd	*sexagésimo*	,,	60th
terceiro	,,	3rd	*septuagésimo*	,,	70th
quarto	,,	4th	*octogésimo*	,,	80th
quinto	,,	5th	*nonagésimo*	,,	90th
sexto	,,	6th	*centésimo*	,,	100th
sétimo	,,	7th	*ducentésimo*	,,	200th
oitavo	,,	8th	*tricentésimo*	,,	300th
nono	,,	9th	*quadringentésimo*	,,	400th
décimo	,,	10th	*quingentésimo*	,,	500th
undécimo	,,	11th	*seiscentésimo*	,,	600th
duodécimo	,,	12th	*septingentésimo*	,,	700th
décimo terceiro		13th	*octingentésimo*	,,	800th
décimo quarto		14th	*nongentésimo*	,,	900th
vigésimo	,,	20th	*milésimo*	,,	1,000th
vigésimo primeiro		21st	*milionésimo*		1,000,000th
—and so on			*bilionésimo*		1,000,000,000th
trigésimo	,,	30th			
quadragésimo		40th			

Ordinal numerals express numerical order. They agree in number and gender with the noun.

Ordinal numerals used with proper nouns do not need the definite article.

> Pedro VI, *Pedro sexto*.
> Leo X, *Leão décimo*.

Cardinal numerals are used in such titles for numbers above *ten*.

> Pope Leo XIV, *o Papa Leão catorze*.

Time of Day

"O'clock" is expressed by *hora* for "one o'clock" and *horas* for the rest.

> *é uma hora*, it is one o'clock
> *são duas, três, quatro horas*, etc., it is two, three, four o'clock, etc.
> *Que horas são?* What time is it?

(Note the plural verb.)

"Past" is *e* (= and). Thus:

> *duas horas e um quarto*, quarter-past two
> *seis horas e meia*, half-past six
> *quatro (horas) e vinte*, twenty-past four

"To" can be rendered in two ways:

> *são cinco menos um quarto*, it is quarter to five
> faltam *dez* (minutos) para as *nove*, etc., it is ten minutes to nine, etc. (*faltar*, to lack.)

"At" is *a* and *às*:

> *a uma hora*, at one o'clock
> *às onze*, etc., at eleven o'clock, etc.

Learn also:

meio-dia, midday
meia-noite, midnight
às dez, etc., *da manhã* ⎱ at ten, etc. ⎧ in the morning
⠀⠀⠀⠀⠀⠀⠀⠀*da tarde* ⎰ ⠀⠀⠀⠀⠀⠀⠀ ⎩ in the evening
às cinco em ponto, at exactly five o'clock

Note the idiomatic use of *dar* in *DÃO as cinco*, etc., it is striking five, etc.

Age

There are three ways of asking a person's age:

Quantos anos tem?
Que idade tem?⠀⠀⠀⠀⠀(How old are you?)
Qual é a sua idade?

I *am* —— years old.⠀⠀⠀*TENHO* —— *anos*.

Note the following:

I am five years older (younger) than you. *Sou mais velho (novo) do que o senhor cinco anos.*
At thirty-five. *Aos trinta e cinco anos.*

Fractions

half = *meio, meia*. It does not need the article after it, thus

meia hora, half an hour
meia libra, half a pound
A half (noun), *uma metade*
⅓ = *um terço* or *uma terceira parte*
¼ = *um quarto*

For $\frac{1}{3}$ to $\frac{1}{10}$ use the *ordinal* form, i.e. *um quinto, sexto,* etc., up to *um décimo*. After $\frac{1}{10}$ the fractions are formed by adding *-avos* to the *cardinal* numbers, e.g.

$\frac{5}{11}$, *cinco onze-avos*; $\frac{7}{25}$, *sete vinte e cinco-avos*

The only important exceptions are $\frac{1}{20}$, *um vigésimo*, $\frac{1}{100}$, *um centésimo*, and $\frac{1}{1000}$, *um milésimo*.

It is also useful to know *duplo, dobrado,* "double", *quadruplo*, etc., "fourfold, etc.", and *uma vez, três vezes,* etc., "one, three times, etc.".

Seasons and Festivals

a primavera, spring	*o outono*, autumn
o verão, o estio, summer	*o inverno*, winter
a Páscoa, Easter	*Pentecostes*, Whitsuntide
a Quaresma, Lent	*o Natal*, Christmas

Vocabulary

adiantar-se, to be fast	*o dia dos anos*, anniversary
andar, to go (of watches, etc.)	*oferecer*, to offer
o assunto, matter, subject	*a ourivesaria*, goldsmith's
certo, right (of watches)	*a pena*, pity
concertar, to put right	*a prenda*, present
deixar, to allow, let	*o recado,* message
desconfiar, to mistrust	*o relojoeiro*, watchmaker

Exercise 21 (a)

Give the Portuguese for:

The third day; it is 20 minutes to ten; at eight o'clock; half-past eleven; $\frac{3}{4}$; I am 25 years old; $\frac{5}{16}$; quarter past six; John (João) V.

Exercise 21 (b)

Read aloud and translate into English:

—O que pena! E eu que tanto precisava de dizer-lhe

um recado da Augusta. Deixe-me ver que horas são.
São três e um quarto, já passa.

—Creio que o seu relógio não está certo, Sr. Raul;
pelo meu são três horas em ponto, e tenho toda a
confiança nele. Anda muito bem.

—Parece que tem razão, minha Senhora, já andava a
desconfiar que este relógio se adiantava. Preciso de
mandá-lo concertar ao relojoeiro.

—Mas, voltando ao assunto. Se tem urgência em falar
com Laura, é muito natural encontrá-la entre as quatro
menos um quarto e as quatro e vinte na Rua do Ouro.
É questão de lançar uma vista de olhos pelas ourivesarias
que por ali há, pois ela foi comprar uma prenda para
oferecer ao pai no dia dos anos.

LESSON 22

POR AND PARA. USEFUL IDIOMS

THE prepositions *POR* and *PARA* are of such frequent
and varied use, and are so easily confused, that an explanation of their different meanings is a necessity.

Both words often mean "FOR": the basic difference
is that *POR* looks back to the origin of or reason for
an action, while *PARA* looks forward to its ultimate
purpose.

In more detail, *POR* translates "on account of",
"through", "because of", "on behalf of", "by virtue of",
"for the sake of", whereas *PARA* means "with a view
to", "for the purpose of", "in order to", "intended for",
"to set out for".

POR has four other important meanings: (*a*) "during"
+ times; (*b*) "throughout, in" + places; (*c*) "in exchange
for"; and (*d*) "by", for the passive agent.

The following examples from reading are given to make the more subtle differentiations clearer:

Examples of POR

Portugueses, pelejai por vossa terra! Portuguese, fight for your country.

Ele vai-se por estar doente. He is leaving because he is ill.

Por natureza, por hábito são sujos. By nature, by habit, they are dirty.

Era muito elogiado pela eloqüência com que falava. He was much praised because of the eloquence with which he spoke.

Por ordem do comandante não se pode fumar no convés. By order of the Captain smoking is not allowed on deck.

Por lembrança recebeu um beijo. As a remembrance he received a kiss.

Violante Gomes, conhecida pelo nome de Pelicana. Violante Gomes, known by the name of Pelicana.

Por último, por fim, finally, *pela primeira vez,* for the first time.

Chorou mansamente por muito tempo. He wept quietly for a long time.

Cheguei pelas duas da tarde. I arrived at about two in the afternoon.

Eis-nos, por fim, perdidos pelas ruas do Cabo. Here we are at last, lost in the streets of Capetown.

Por todo o navio silencioso e negro. Throughout all the dark and silent ship.

Padecerá o justo pelo pecador. The just will suffer for the sinner.

Eu, por mim, desinteresso-me. As for me, I am not interested.

A dificuldade foi vencida por Luís de Camões. The difficulty was overcome by Camões.

Dei lhe 20s. por uma libra esterlina. I gave gim 20s. for £1.

Examples of PARA

Com todas as suas qualidades de soldado, algumas lhe faltaram para capitão. Despite his soldierly qualities he lacked some necessary for a leader.

Tomemos este homem para guia. Let us take this man as our example.

Seguimos para a África. We continued towards Africa.

A vitória inclinava-se para Portugal. The victory inclined towards Portugal.

Encobria o nome do autor para não o culparem mais tarde. He suppressed the name of the author so that they should not blame him later.

Falo baixo para não ser ouvido. I speak quietly so as not to be heard.

Estou para sair. I'm just (on the point of) going out.

Para onde vai o senhor? Where are you going?

Um homem de 50 para 60 anos. A man between fifty and sixty.

Estamos prontos para o serviço. We are ready for service.

Preparam-se para a viagem. They prepared for the trip.

Os salva-vidas não bastam para os oitenta homens. There are not enough life-belts for the eighty men.

Useful Idioms

Learn the following:

> *Vou ter com êle,* etc. I'm going to meet him, etc.
> *Faça como em sua casa.* Make yourself at home.
> *pôr a mesa,* to lay the table
> *Vai-se fazendo tarde.* It's getting late.

levantar a mesa, to clear the table

Nada tenho que ver com isso. I've nothing to do with it.

basta assim, that will do

é meu negócio, that's just what I want

não presta para nada, it's no good

andar perdido, to get lost

Vocabulary

agradável, pleasant
o clima, climate
delgado, thin
pertencer, to belong
bradar, to shout

o poema, poem
circular, to move (of traffic)
o navio, ship
tratar, to deal with, attend to
roubar, to rob, steal

Exercise 22 (a)

Translate into Portuguese:

1. This message has been sent by my brother. He cannot come because today is his birthday.
2. It is too cold in this climate for me.
3. Sílvio is going away from Cambridge, not because of illness, but because he has important business to attend to.
4. The best of these poems was written by Luís de Camões.
5. The watch was stolen from the goldsmith's by a tall, thin young man.
6. Towards the end of the day Peter was called by the captain of the ship.
7. We walked through the garden which belonged to the author.
8. The doctor was very pleasant to me.
9. Cars were moving all day through the streets of the town.
10. "For Spain!" he cried.

Exercise 22 (b)

Make a list of some of the questions, remarks, etc., you could employ on a visit to Portugal.

LESSON 23

USE OF THE ARTICLES. IMPERSONAL VERBS

ALTHOUGH the article (the, a) is used, generally, in Portuguese as in English, a number of important differences must be known.

1. Article used in Portuguese when not used in English:

    (*a*) before abstract nouns and common nouns used in a general sense—

        A generosidade é uma virtude. Generosity is a virtue.

        A música é agradável. Music (in general) is pleasing.

        O ouro é um metal. Gold is a metal.

        O pão está agora caro. Bread is dear at present.

    (*b*) before countries and (usually) towns—

        a França, France; *a Rússia*; *a Havana*; *o Rio de Janeiro*

        [but NOT with *Portugal* and *Marrocos* (Morocco)]

    (*c*) before infinitives used as nouns—

        o escrever, writing

    (*d*) before proper names with adjectives or the equivalent—

        a Lisboa de apósguerra, post-war Lisbon

(*e*) before titles—

> *o Rei Eduardo*; *o Presidente Lincoln*; *o General Carmona*
> [but NOT with *Dom* and *Dona*]

(*f*) with weights and measures—

> *uma libra, a garrafa,* £1 a bottle—for English *indef.* article "a".

(*g*) with possessive adjectives—

> *O seu cão, a nossa casa* [but NOT with blood relations]

Note also:

> *É meu amigo.* He *is* my friend.
> *Tornou-se meu amigo.* He *became* my friend.

(*h*) Instead of poss. adj. with parts of the body—

> *queimei o dedo,* I burnt *my* finger.

2. Article omitted in Portuguese when used in English:

(*a*) in apposition—

> *o Snr. João Freitas, filho do meu amigo,* . . . *the* son of my friend

(*b*) after *tal, como,* and similar words—

> *tal livro,* such a book

(*c*) after "to take for a ——", "to play the——", etc.

> *Era tido por tonto.* He was considered a fool.
> *fazer-se estúpido,* to act the fool

Impersonal Verbs

There are a number of verbs in everyday use of which "IT" is the only possible subject. Memorise the following, which refer to weather, etc.:

chove, it is raining   *troveja*, it is thundering
relampeja, it lightens   *degela*, it thaws
neva, it is snowing   *escurece*, it is getting dark
gela, it is freezing

The verbs below are also important:

resulta que, (lit.) it results that ...
pesa-me que, it grieves me that ...
é pena que, it is a pity that ...
acontece, it happens
praz-me que, it pleases me that ...
é evidente, (*im*)*possível*, it is clear, (im)possible

Exercise 23

Give the Portuguese for:

Wine is cheap in France; he demand justice (*a justiça*); King John; old Louis; this wine costs 20 escudos a bottle; in Lisbon, the capital of Portugal; such men; pride (*o orgulho*) is not enough; it was getting dark when we arrived; the result was that he lost all his money.

LESSON 24

THE SUBJUNCTIVE MOOD

PORTUGUESE, like all Latin languages, requires in a large number of situations a form of the verb with endings differing from those of the Present, Imperfect, or Past

Definite indicative, although the meaning may appear the same in English. These are the forms of the SUB-JUNCTIVE MOOD. Thus:

> If I *saw* a man. *Se* visse (not *vi*) *um homem*.
> I doubt whether they *can* do it. *Duvido que o* possam (not *podem*) *fazer*.
> When you *have* finished. *Quando* tiver (not *tem*) *acabado*.

It will be seen from this that the Subjunctive can have different tenses: actually there are three, *Present, Imperfect,* and *Future*.

The subjunctive endings for regular verbs and the main irregular verbs are given below. An outline of the *uses* of the subjunctive essential for everyday speech and reading follows.

Present Subjunctive

-*AR* verbs	-*ER* verbs	-*IR* verbs
-E	-A	-A
(-es)	(-as)	(-as)
-E	-A	-A
fal- -EMOS	vend- -AMOS	part- -AMOS
(-eis)	(-ais)	(-ais)
-EM	-AM	-AM

Imperfect Subjunctive

-ASSE	-ESSE	-ISSE
(-asses)	(-esses)	(-isses)
fal- ASSE	vend- -ESSE	part- -ISSE
-ÁSSEMOS	-ÊSSEMOS	-ÍSSEMOS
(-ásseis)	(-êsseis)	(-ísseis)
-ASSEM	-ESSEM	-ISSEM

Future Subjunctive

$$\text{fal-}\begin{cases} \text{-AR} \\ \text{(-ares)} \\ \text{-AR} \\ \text{-ARMOS} \\ \text{(-ardes)} \\ \text{-AREM} \end{cases} \quad \text{vend-}\begin{cases} \text{-ER} \\ \text{(-eres)} \\ \text{-ER} \\ \text{-ERMOS} \\ \text{(-erdes)} \\ \text{-EREM} \end{cases} \quad \text{part-}\begin{cases} \text{-IR} \\ \text{(-ires)} \\ \text{-IR} \\ \text{-IRMOS} \\ \text{(-irdes)} \\ \text{-IREM} \end{cases}$$

Irregular Verbs

	Pres. Subj.	Imperf. Subj.	Fut. Subj.
ser	seja, etc.	fosse	for
		fôssemos	formos
		etc.	etc.
estar	esteja, etc.	estivesse, etc.	estiver, etc.
ter	tenha, etc.	tivesse, etc.	tiver, etc.
ir	vá		
	vamos	(as for "ser")	
	vão		
saber	saiba, etc.	soubesse, etc.	souber, etc.
dizer	diga, etc.	dissesse, etc.	disser, etc.
dar	dê	desse, etc.	der, etc.
	dêmos		
	dêem		
fazer	faça, etc.	fizesse, etc.	fizer, etc.
vir	venha, etc.	viesse, etc.	vier, etc.

Uses of the Subjunctive

1. After a word (usually followed by *que*, "that") expressing:

    (*a*) any *feelings* (e.g. wishing, hoping, fearing, surprise, doubting), *commands*, *prohibitions*, *denials*

    (*b*) *believing*, *thinking*, in the negative.

Examples:

> *Sinto que o médico não viesse.* I am sorry that the doctor didn't come.
>
> *Dir-lh-ei que venha já.* I shall tell him to come at once.
>
> *Não creio que tenha estado doente.* I don't believe he has been ill.
>
> *Nego que a sua amiga seja linda.* I deny that his (girl) friend is pretty.
>
> *Proibo que a criança saia.* I forbid the child to go out.
>
> *Mandou que me fosse embora.* He ordered me to go away.

Note the characteristic form of many of these sentences containing a different subject in each part.

"*I* want *you* to go" becomes *Desejo que o senhor vá* (i.e. "I wish that you go").

The *Infinitive* can be used *only* when the subject does not change: e.g. *Desejo ir.* "*I* want to go."

2. After certain conjunctions:

> *para que*, in order that; *sem que*, without; *como quer que*, however; *dado caso que*, provided that; *qualquer que*, whatever

and the following when the action they introduce *has not yet happened*:

> *antes que*, before; *assim que*, *logo que*, as soon as; *até que*, until; *quando*, when [+ *Future* Subjunctive]

Also after *ainda que*, "although", when *not* referring to an accomplished fact. There is a tendency also for the subjunctive to be used even in cases of factual statement.

Examples:

Ainda que fosse rico, não a compraria. Though he were rich he would not buy it.

Assim que venha, encetaremos uma conversa. As soon as (the moment) he comes, we shall start a conversation.

Quando parar o comboio, desceremos. When the train stops, we shall get out.

Tico desapareceu, fazendo um aceno ao médico para que ficasse fora. Tico disappeared, making a sign to the doctor to remain outside.

Esperei até que chegasse. I waited for him to arrive (i.e. until he should arrive).

3. After *que*, "who, which", with the meaning "of such a sort as", e.g.

O país procurou um general que soubesse *coordenar todos os elementos.* The country sought a general *who could* (= might be able to) co-ordinate all the forces.

After *nada que*, "nothing which...". *ninguém que*, "no one who..." (interrogative), e.g.

Não há ninguém que o saiba? Is there no one who knows it?

Vocabulary

o cavalo, horse	*duvidar*, to doubt
a coisa, thing	*enganar-se*, to be mistaken
a dactilografia, typing	*salvar*, to save
decorrer, to pass (of time)	*tocar em*, to refer to

Exercise 24 (a)

Translate into English:

1. Disse-lhe que trouxesse as laranjas à mesa.
2. Não quiseram que o cavalo ficasse no campo.

3. Quando ele for para Lisboa, irei com ele.
4. Ninguém há que não se engane às vezes.
5. Não há nada que nos possa salvar.
6. Duvido que hoje tenha visto tal coisa.

Exercise 24 (b)

Translate into Portuguese:

1. It is a pity for the boy to waste (*perder*) his time.
2. He gave us money so that we could go by train.
3. He did not reply to our request (*pedido*) that they should give us more to (*de*) eat.
4. They wanted a woman who understood (= could understand) typing.
5. I forbade my son to buy such a car.
6. Days passed without them referring to the subject again.

LESSON 25
FURTHER USES OF THE SUBJUNCTIVE

THE subjunctive is also used:

(*a*) To give commands, e.g.

Seja prudente! Be careful!
Fale! Speak!
Não tenham medo! Don't (you (pl.)) be afraid!

The above forms should always be used by the student. The true IMPERATIVE will be met in reading, e.g. fala! falai! (pl.), come! comei! (pl.), but these refer only to the persons *tu* and *vós*. Note that these forms are derived from the 3rd pers. sing. and 2nd pers. pl. (less -s) of the Present Tense. In *negative commands* (all persons) the subjunctive *must* be used, e.g. *não fales!* (not *não fala*).

(b) To express wishes, e.g.

Venha o dia! May the day come!
Praza a Deus! May it please God!
Que não tenham medo! May they (let them) not be afraid!

(c) There are two main types of condition,

(i) *open*, in which we do not know whether the condition is, was, or will be fulfilled. In such cases the indicative is used, unless the condition refers to the future, when the Future Subjunctive is required in the IF-clause.

Se um homem trabalha, ganha dinheiro. If a man works, he earns money.
Se o homem não trabalhava, não ganhava nada. If the man did not work, he earned nothing.
Se ele vier amanhã, vê-lo-ei logo. If he comes tomorrow, I shall see him immediately.

(ii) *improbable or unfulfilled*, in which the condition is either regarded as unlikely to be fulfilled or known to be contrary to fact. Sentences of this type require the Imperfect Subjunctive in the IF-clause and the Conditional in the main clause,

Se chovesse muito, não sairíamos. If it should were to } rain hard, we should not go out.
Se fosse o relógio de oiro, comprá-lo-ia. If the watch were gold, I would buy it.

or Pluperfect Subjunctive plus Conditional Perfect,

Se tivesse enviado a carta, já a teríamos recebido. If he had sent the letter, we should already have received it.

(d) After *como se*, as if, *talvez*, perhaps, if the verb follows, and impersonal expressions,* e.g. *é possível*, it is possible, *é provável*, it is probable, *é preciso*, it is necessary, *é pena*, it is a pity.

* except those indicating certainty, e.g. *é verdade*, it is true, *é evidente*, it is evident $\left. \begin{array}{l} \textit{é claro} \\ \textit{está claro} \end{array} \right\}$ it is clear.

(e) Where the verb is followed by a preposition, this should be retained before the clause, though it may be omitted in colloquial speech.

Insisto EM QUE paguem a conta. I insist on their paying the bill.

Vocabulary

ou, or   *recusar*, to refuse   *de volta*, back (home)

Exercise 25 (b)

Translate into Portuguese:

1. Let us go into the room. Let us see what is there.
2. Tell us what is behind that door.
3. It would be a pity if he didn't understand.
4. Don't open the windows!
5. Perhaps her brother would refuse to go.
6. She laughed as if she were pleased.

Exercise 25 (b)

Translate into English:

1. Se estivesse em Lisboa (eu) visitaria Sintra.
2. Está claro que não esteve nunca em Portugal.
3. É preciso que ninguém saiba o seu nome.
4. Talvez nestes oito ou dez dias esteja de volta.
5. Desculpe-me, senhor.

LESSON 26
ORTHOGRAPHICAL CHANGES IN VERBS. THE GERUND. IRREGULAR PAST PARTICIPLES

THE letters *c* and *g* are hard when before *a*, *o*, *u*, and soft when before *e*, *i*.

Therefore verbs whose infinitives end in *car*, *gar*, *ger*, *gir*, *jar*, *cer*, *cir*, *çar*, *guer*, *guir* and *quir* show the following modifications to preserve the *c* and *g* sound of the stem:

(1) *-car*. *c* changes to *qu* before *e*.
   indicar, to indicate. Preterite: *indiquei*, *indicou*.
   Present Subjunctive: *indique*, *indiques*, *indique*, *indiquemos*, *indiqueis*, *indiquem*.
   Similarly, *ficar*, to remain.

(2) *-gar*. *g* changes to *gu* before *e*.
   indagar, to find out. Preterite: *indaguei*, *indagou*.
   Present Subjunctive: *indague*, *indagues*, *indague*, *indaguemos*, *indagueis*, *indaguem*.
   Similarly, *apagar*, to put out; *castigar*, to chastise; *negar*, to deny.

(3) *-ger*, *-gir*. *g* changes to *j* before *o* and *a*.
   proteger, to protect. Present Indicative; *protejo*, *protege*.
   Present Subjunctive: *proteja*, *protejas*, *proteja*, *protejamos*, *protejais*, *protejam*.
   Similarly, *eleger*, to elect; *abranger*, to embrace; *tanger*, to ring.
   dirigir, to direct. Present Indicative: *dirijo*, *dirige*.
   Present Subjunctive: *dirija*, *dirijas*, *dirija*, *dirijamos*, *dirijais*, *dirijam*.
   Similarly, *erigir*, to erect; *exigir*, to demand; *corrigir*, to correct.

(4) *-cer*, *cir*. *c* changes to *ç* before *o* and *a*.
   agradecer, to thank. Present Indicative: *agradeço*, *agradece*.

Present Subjunctive: *agradeça, agradeças, agradeça, agradeçamos, agradeçais, agradeçam.*

Similarly, *conhecer*, to know.

(5) -*çar.* *c* changes to *c* before *e.*

começar, to begin. Preterite: *comecei, começou.*

Present Subjunctive: *comece, comeces, comece, comecemos, comeceis, comecem.*

(6) -*guer*, -*guir*. *gu* changes to *g* before *o* and *a.*

erguer, to raise. Present Indicative: *ergo, ergue.*

Present Subjunctive: *erga, ergas, erga, ergamos, ergais, ergam.*

distinguir, to distinguish. Present Indicative: *distingo, distingue.*

Present Subjunctive: *distinga, distingas, distinga, distingamos, distingais, distingam.*

Similarly, *seguir*, to follow.

(7) -*quir*, *qu* changes to *c* before *o* and *a.*

extorquir, to extort. Present Indicative: *extorco, extorque.*

Present Subjunctive: *extorca, extorcas, extorca, extorcamos, extorcais, extorcam.*

The Gerund

The verbal form called the gerund (English "taking", "going", etc.) is always formed regularly by adding -*ANDO*, -*ENDO*, -*INDO* to the stems of verbs of the 1st, 2nd and 3rd conjugations respectively.

Thus:

tomar gives *tomANDO*, taking
verter gives *vertENDO*, pouring
medir gives *medINDO*, measuring

Note *PONDO*, "putting" (from *pôr*) and *INDO* (from *ir*).

The Gerund has in practice replaced the true Portuguese *Present Participle* and is often referred to by this name.

In use the gerund is INVARIABLE, must refer to the *same subject* as the principal verb of the sentence, and can express TIME, MANNER, or CAUSE.

Study the following examples:

> *Passando pela barra o navio entra no porto.* Passing over the bar the ship enters the port.
>
> *Vendo o corpo de Filipe, chorou.* When she saw Philip's body, she wept.
>
> *Não querendo abandonar-nos a um sentimentalismo ridículo, resistimos à tentação.* Not wishing to give way to a foolish sentimentalism, we resisted the temptation.
>
> *Relendo as suas páginas sentiram certo orgulho.* As they re-read its pages, they felt a certain pride.

The Gerund is also used with *IR, CONTINUAR, FICAR, ESTAR, SEGUIR* to form a continuous, progressive form of the main tenses (e.g. an alternative to the Present, Future, or Imperfect tenses to render "IS, was ——ING", etc.):

> *estou escrevendo*, I am writing
> *estarei comendo*, I shall be eating
> *seguem lendo*, they go on reading
> *vão contando*, they go on singing
> *ficou chorando*, she continued to weep

Note that the gerund is NOT used:

(*a*) after prepositions, except *EM*.

(*b*) after "to see', "to hear" (English "I heard him laughing").

In these cases Portuguese uses the INFINITIVE: sem *falar*; ouvi-o *rir*.

Irregular Past Participles

Instead of the regular form (stem + *ADO* or *-IDO*, see Lesson 4) a few frequently used verbs have irregular past participles. Learn:

> *dito* (from *dizer*)
> *escrito* (from *escrever*)
> *feito* (from *fazer*)
> *morto* (from *morrer*)
> *visto* (from *ver*)
> *aberto* (from *abrir*)
> (*des*)*coberto* (from (*des*)*cobrir*)
> *vindo* (from *vir*)
> *posto* (from *pôr*)

A number of verbs have TWO forms of the Past Participle, the second (abbreviated) one being used in an *adjectival* sense (e.g. the bill is *paid*; the window is *broken*).

The following should be known:

> *pagar*: *pagado*, *pago*, paid
> *gastar*: *gastado*, *gasto*, spent
> *entregar*: *entregado*, *entreGUE*, delivered
> *fixar*: *fixado*, *fixo*, fixed
> *vagar*: *vagado*, *vago*, left vacant
> *soltar*: *soltado*, *solto*, loosed
> *aceitar*: *aceitado*, *aceito*, accepted
> *limpar*: *limpado*, *limpo*, cleaned
> *ganhar*: *ganhado*, *ganho*, gained
> *ocultar*: *ocultado*, *oculto*, hidden

salvar: *salvado*, *salvo*, saved
imprimir: *imprimido*, *impresso*, printed
romper: *rompido*, *roto*, broken

Remember that the Past Participle *used as an adjective* or in the *passive* voice agrees with its noun like an adjective:

> *Eduardo e o doutor, assentados na sala de visitas.* Edward and the doctor, seated in the drawing-room.
>
> *A remessa foi recibida ontem.* The remittance was received yesterday.

Otherwise it is *invariable*, e.g.

> *Tinham recibido a remessa.* They had received the remittance.

Vocabulary

o ambiente, surroundings
apresentar, to introduce
a avenida, avenue
o barulho, noise
à beira mar, by the sea
a cancela, (wicket) gate
deixar de, to omit, fail to
o encanto, great pleasure
então, then

jantar, to dine
livrar de, to (keep) free from
nesta altura, at this time
os pais, parents
o projecto, plan
o sítio, place
o toque de campainha, ring at the door bell

Exercise 26 (a)

Translate into Portuguese:

1. Having spoken a few words they continued to read.
2. The closed gate and the green trees kept the place free from noise.
3. Leaving the house, they both walked through the avenue to the road.
4. Charles was sitting in the garden, smoking a cigarette and reading Folhas Caídas.

5. He wrote "paid" on the bill.
6. Seeing the open door, he went in.
7. The girl has delivered the message.
8. We saw the doctor approaching.

Translate into English:

9. Fique o Sr. sabendo que o professor não está doente.
10. Continuei trabalhando até que chegassem os pais.

Exercise 26 (b)

With the aid of the vocabulary, try to read and learn by heart the following passage. (No translation is given.)

Nesta altura ouviu-se um toque de campainha. Eram meus pais que chegavam.

—Apresento-lhes o meu velho amigo Smith.

—Muito prazer em conhecer V.Exas.

—O prazer é todo nosso; o senhor Smith tem sido tão falado cá em casa que quase o consideramos como família. Não é assim, Maria?

—É claro que sim- meu filho é na realidade muito seu amigo e não descansou enquanto o não convidou a vir cá passar as férias. Então quais são as suas primeiras impressões? Gosta do ambiente?

—Não podia desejar melhor, minha senhora; isto é na realidade um encanto; é o tal "jardim da Europa à beira-mar plantado" de que fala o poeta.

—Olhe, Mãezinha, temos estado a fazer vários projectos de passeios.

—Então não deixem de ir ao Estádio Nacional.

—Boa ideia, será esse o primeiro sítio a visitar.

—Façam favor de passar para esta sala; já vão sendo horas de jantar.

—De facto, minha senhora, já estou com um certo apetite.

—Isso é que é bom. Vamos lá então.

LESSON 27

CORRESPONDENCE

THE Portuguese observe very strictly in correspondence the status of the person to be addressed. This is indicated by fixed opening and concluding phrases: many of the latter are extremely formal and can scarcely be translated literally into English.

The following is a safe guide for all types of letters the student is likely to need.

1. Private Letters

(a) To a Stranger of Some Standing, a Professional Man, etc.

Begin: { Exmo Senhor (D^r. Viana, etc.),
{ Exma Senhora,

End: Com toda a consideração
         sou de V. Ex.ª Mt.^o A.^{to} e Ob.^{go}

....

(b) Slightly Less Formal (a Second Letter to the Above, for Example)

Begin: Caro (or prezado) Senhor,
       Amigo e Sr.

End: com os meus agradecimentos

....

(c) To Personal Friends

Begin: { Meu querido (caro, or prezado) João,
       { Minha querida (cara, etc.) Maria,

End: { cumprimentos
                           Com lembranças de

....

       or   seu muito amigo
             (sua muito amiga)

....

       or   Creia-me o seu amigo sincero
             (a sua amiga sincera)

....

The *content* of a private letter presents no special problems, and an intelligible request for information, for example, could be composed with the knowledge already gained.

One or two ways of ending, requesting an early reply, are given below:

Aguardando a sua resposta, sou
    com estima, etc.

Na esperança de receber notícias suas,
    sou, etc.

2. Business Letters

(a) To a Company

Begin: Ill.mos Sr. Barboza e Cia, Lisboa.
        Amigos e Senhores,

(b) To One Person

Begin: Ill.mo Sr. Director (Secretário, etc.)
        Amigo e Senhor,

End:
   (*a*) on behalf of a firm—
                   Somos com estima e consideração
                     De V.S.a(s) Am.os e Ob.ros
           or   De V.S.a(s) Att.os Vor.s e Ob.ros

(*b*) on one's own behalf—

     Subscrevo-me com estima
     De V. etc.

A typical envelope (for a business letter) would be addressed as follows:

  Il.^{mo} Sr.
    Sílvio de Campos
      Travessa Santa Catarina, 25
      Lisboa
 Portugal

In the case of a private letter begin: "Exmo Sir.".

The content of business letters is too varied and the style too technical to be dealt with thoroughly in a book of this kind. A manual of commercial correspondence can be consulted.

As a guide, a small vocabulary of the most useful commercial terms and one or two specimen letters are given below:

 o pedido
 a encomenda } order
 o fabricante, manufacturer
 despachar
 expedir } to dispatch
 firmar, to sign
 os géneros
 as mercadorias } goods
 devolver, to send back
 lançar em conta, to debit or credit
 liquidar, to settle

o orçamento, estimate

reembolsar, to refund

sob registo, by registered post

a remessa, remittance

a débito ⎫
a crédito ⎭ *de sua conta,* having ⎧ debited ⎫ your a/c.
⎩ credited ⎭

seu prezado favor, your esteemed inquiry

sua prezada (carta), your esteemed inquiry

... *está em nosso poder,* ... is in our hands (we have
received ...)

em resposta a, in reply to

o pagamento, payment

os negócios, business

tenha a bondade de, be good enough to

incluso, a, enclosed, included

a factura, invoice

o saldo, balance

o algodão, cotton

a lã, wool

> Livraria Paranense
> Rua de Bussaco, 27
> Lima, 26 de Março de 1969.
>
> Il^mo. Sr.
> R. Martins
> Cambridge—Inglaterra.

Il.^mo Sr.

Damos em nosso poder seu prezado favor de 24 de
corrente que muito agradecemos.

Por este correio fazemos seguir dois pacotes contendo
os livros de seu pedido, conforme facturas inclusas, cujos
importes de Esc. 63$40 e 48$90 levamos a débito de sua
conta.

Juntamos c-c (conta corrente) de nossas transações

encerrada nesta data, demonstrando um saldo a nosso favor de Esc. 147$15, sobre cuja exactidão nos dirá o que se lhe ofereça.

Aguardando a continuação de suas prezadas ordens, subscrevemo-nos com muita consideração e estima.

De V. Snrª.

At.ᵒˢ Venrs. e Obrgos.

R. GONÇALVES.

Memorandum

Lima, 28 de Abril de 1969.

Livraria Paranense

Il.ᵐᵒ Sr.

R. Martins

Cambridge—Inglaterra.

Il.ᵐᵒ Sr.

Nesta data levamos a crédito de sua conta a quantia de Esc. 247$05, que nos foi entregue por V. Snrª.

Sem outro assunto, subscrevemo-nos com muita consideração,

De V. Snrª.

At.ᵒˢ Venrs. e Obgdos.

R. GONÇALVES.

Birmingham

30 de Junho de 1961.

Il.ᵐᵒ Sr.

Oliveira Santos

Pará

Am.º e Sr.

De conformidade com o nosso costume nesta época do ano, temos a honra de remeter-lhe incluso o extracto da sua conta-corrente com a nossa casa, fechada nesta data, e apresentando um saldo de $39.00 a nosso favor.

Tenha a bondade de mandar examinar esta conta e dizer-nos na primeira oportunidade se a acha conforme.

Sempre às suas ordens,

Somos com subida estima,

De V. S.ª Am.ᵒˢ. e Ob.ʳᵒˢ,

WILLIAMS & CO.

Exercise 27 (a)

Write a letter acknowledging receipt of information, money, or enquiring about goods, accommodation, etc.

Exercise 27 (b)

Write a letter to a friend describing your holiday.

LESSON 28
BRAZILIAN AND PORTUGUESE

BRAZIL, separated from Portugal geographically and later politically, could hardly fail to develop some differences of language. New words and turns of speech were introduced; older terms were retained, though obsolete or obsolescent in Portugal. In general, and disregarding dialects, Portuguese as spoken in Brazil and Portugal differs little more than English in England and Canada. The differences concern orthography, pronunciation, vocabulary, and syntax.

Orthography

Words have the same spelling in both countries.

"O Governo brasileiro, pela voz do seu Ministro de Educação, Dr. Gustavo Capanema, acaba de declarar, em sessão da Academia Brasileira de Letras de 29 de

Janeiro de 1942, que há uma só lingua portuguesa no Mundo; que essa é, na sua esplêndida unidade, a língua de Portugal e do Brasil; e que o Governo brasileiro aceita, como cânone ortográfico do idioma único e imortal, o Vocabulário da Academia das Ciências de Lisboa, recentemente publicado."

On 29 December 1943 the following agreement was signed:

"The high contracting Powers promise full collaboration in all things connected with the defence, maintenance and expansion of the Portuguese language common to both countries, and secondly to establish the orthography of the Portuguese language as fixed by the Academy of Science of Lisbon and the Brazilian Academy of Arts. Neither Government shall make any ruling concerning orthography without the agreement of the other, and until both academies have been consulted."

Pronunciation

Portuguese as spoken by Brazilians is regarded as softer and more gentle. The precise differences seem to reside in the pronunciation of the consonant *s*, of the two vowels *a* and *e*, and a more open quality of the vowel *o*.

Portuguese *s* before *c*, *f*, *p*, *q*, *t*, equals English *sh* phonetic [ʃ].

Brazilian *s* before *c*, *f*, *p*, *q*, *t*, equals English *ss* phonetic [s].

> *espelho*, mirror. Portuguese [iʃpéʎu], Brazilian [ispéʎu].
>
> *estar*, to be. Portuguese [iʃtáɹ], Brazilian [istáɹ].

Similarly, Portuguese *s* before *b*, *d*, *g*, *l*, *m*, *n*, *r*, *z*, equals English *zh* (*azure*) phonetic [ʒ].

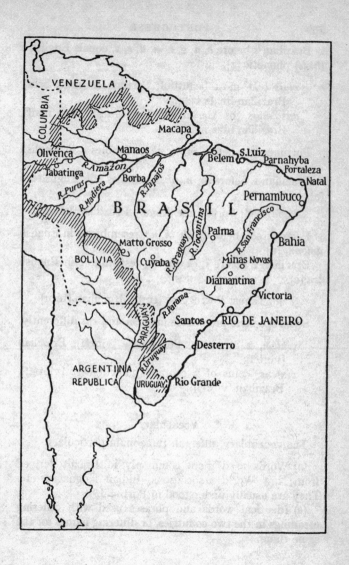

Brazilian *s* before *b, d, g, l, m, n, r, z,* equals English *z* (*haze*) phonetic [z].

> *mais belo*, most beautiful; Portuguese [maɩ̌ʒ ƀélu], Brazilian [maɩ̌z bélu].
> *das mais*, of the most; Portuguese [dɐ̌ʒ maɩ̌ʃ], Brazilian [dɐ̌z maɩ̌ʃ].

Portuguese *a* before *m, n, nh,* resembles *a* in English *amount* [ɐ].

Brazilian *a* before *m, n, nh,* resembles *e* in English *ten* [e].

> *cama*, bed; Portuguese [kémɐ], Brazilian [kémɐ].

Portuguese *e* before *j, ch, lh, nh,* resembles *a* in English *amount* [ɐ].

Brazilian *e* before *j, ch, lh, nh,* resembles *e* in English *ten* [e].

> *Tejo*, Tagus; Portuguese [téʒu], Brazilian [téʒu].

Some speakers pronounce final *em* and *ens* differently.

> *vintém*, 2 centavos; Portuguese [vĩtéɩ̌], Brazilian [vĩtéɩ̌].
> *vinténs*, coins of 2 centavos; Portuguese [vĩtéɩ̌ʃ], Brazilian [vĩtéɩ̌ʃ].

Vocabulary

The vocabulary differs in three main particulars:

(*a*) Words used more commonly in Brazil, derived from New World associations, Indian languages, etc. They are usually understood in Portugal.

(*b*) Identical words and phrases used with differing meanings in the two countries, or differing names for the same thing.

(c) Words of the older language more common in one country than in the other.

The most important are given below.

Portuguese.	English.	Brazilian.
acordar	to awake	*acordar (-se)*
o pequeno almoço } *o primeiro almoço* }	breakfast	*o café da manhã*
o caminho de ferro	railway	*a estrada de ferro*
o carro eléctrico	tramcar	*o bonde*
o comboio	train	*o trem*
o trem	cab	*o carro*
o criado	waiter	*o garçon*
o escudo	monetary unit	*o cruzeiro*
descer	to alight	*saltar*
o fato de banho	bathing suit	*a roupa de banho*
as férias grandes	Summer Vacation	*as grandes férias*
terminus	terminus	*a estação final*
se	if	*si* (literary)
tão . . . como	as . . . as	*tão . . . quanto*
Vossa Excelência	You, or sir, in correspondence	*Vossa Senhoria*
Vossa Excelência	You, in formal speech to persons of rank	*Vossa Excelência*
o senhor, os senhores *a senhora, as senhoras* }	you	{ *Vossa(s) Senhoria(s)*
Senhora Dona (with Christian name) }	Miss or Mrs.	*senhorita*
tu	you or thou	*você*
a rapariga	girl	*a moça*
o, os (accusative)	him, them	*lhe, lhes*

Syntax

Apart from local variations, syntax in the two countries varies little.

In Portugal the pronoun object follows the verb in an affirmative sentence: *Eu dei-lhe o livro.* I gave him the book.

In Brazil the pronoun object precedes the verb in an affirmative sentence if the subject pronoun is mentioned: *Eu lhe dei o livro.*

In Portugal the pronoun object precedes the verb in a negative sentence: *Não lhe dei o livro.*

In Brazil the object may follow: *Não dei-lhe o livro.*

There is also a tendency to use the disjunctive pronouns: *Leve ela para casa.*

PART II

Key to Exercises. Chave dos Exercícios

Exercício 1 (b). os automóveis, os cães, (uns) irmãos, as cadeiras, (umas) flores, os filhos, as vozes, os homens, (uns) cigarros, as libras.

os armazéns, os amigos, os bilhetes, têxteis, os lápis, uns lençóis, umas maçãs, os médicos, os ascensores, os jardins.

Exercício 2 (a).

As filhas.	Tal homem.	Meus irmãos.
Outro cigarro.	Este jardim.	Esse (aquele) tabaco.
Esta estação.	Umas igrejas.	
Os nossos amigos.	Quantas libras?	Muitas cidades.
O meu lenço.	Certa mulher.	A sua cadeira.
Esses (aqueles) automóveis.	Todos os comboios.	Aquelas cidades.
		Uns fósforos.
Ambos filhos	As nossas férias.	Tais cães.
Cada médico.	Umas mesas.	A nossa bagagem.
	Que caminho?	

Exercício 2 (b). Os cães, estes lápis, as suas flores, tais vozes, esses carris, uns têxteis, os ascensores, estas mulheres, aqueles armazéns, umas cadeiras.

Exercício 3 (a). 1. A rapariga busca sua mãe. 2. Não compro um automóvel. 3. O senhor bebe este vinho? 4. Não corremos. 5. Convido os meus amigos. 6. Não limpa os seus sapatos. 7. (Ela) cose. 8. Quem chama o gerente? 9. Toma o senhor muita bagagem? 10. O comboio parte. 11. Vendem (umas) flores? 12. Transferimos a nossa bagagem.

Exercício 3 (b). 1. Which train are you taking? 2. His (her, etc.) brother doesn't drink the wine. 3. We don't speak Portuguese. 4. Are you setting off? 5. Which men are looking for the road (way)? 6. Is he (she) buying the wine? 7. What are those men selling? 8. Who is looking for the manager? 9. We are not setting off today. 10. This girl doesn't take a chair.

Exercício 4 (a). 1. Uma igreja espanhola. 2. Uma camisa branca. 3. Os meus sapatos pretos. 4. Um quarto grande. 5. Os seus amigos ricos. 6. Jornais portugueses. 7. Uma mulher pobre. 8. Aqueles automóveis grandes. 9. Quantos bilhetes brancos? 10. Uma rapariga alegre.

Exercício 4 (b). 1. Onde está o hotel? 2. Todos os quartos estão alugados. 3. É esta a bilheteira para Lisboa? 4. Há um médico no (see Lesson 5) hotel? 5. Tem uma película? 6. Hei de partir hoje. 7. O senhor tem o seu bilhete? 8. Aqui está a estação. 9. O senhor está alegre? (or os senhores estão alegres?) 10. Temos estado tristes.

Exercício 4 (c). 1. Where is there a garage? 2. From which platform does our train leave? 3. Here are our tickets. 4. Which is the way? 5. The girl isn't sad.

Exercício 5 (a).

Do comboio.	Um quarto com duas camas.
Perto da estação.	À roda das casas.
Sem a sua bagagem.	Durante a tarde (pela tarde).
No céu azul.	Em vez dum jornal.
Ao longo daquele caminho.	Pelo telefone.
Com minha filha.	À porta.

Exercício 5 (b). 1. The table isn't near the door. 2. I lose my luggage. 3. I don't sleep in the daytime. 4. What does the doctor say? 5. Somebody is at the door: I'll go and see who it is.

6. Quando vai o senhor a Lisboa? 7. O senhor vai telefonar ao tio Jorge? 8. Sim, vamos (entramos) no hotel. 9. Abro a porta. 10. Sempre perco o meu bilhete.

Exercício 6 (a). 1. O senhor pode mandar a película ao hotel? 2. Quero pagar. 3. Não pode esperar. 4. Sabe o senhor nadar? 5. Acabam de escrever uma carta. 6. Não responda! 7. Deve pensar. 8. Meu irmão vai buscar um lenço. 9. Começamos a ler o jornal. 10. Não sabem escrever. 11. Compre um automóvel! 12. O senhor gosta de ler livros?

Exercício 6 (b). (*Possible answers.*) 1. O comboio está na estação (perto da plataforma). 2. Sim, sabe tocar bem (well) piano (Não, não sabe tocar piano). 3. Um tio é o irmão de meu pai (de minha mãe). 4. Sim, tenho o meu bilhete (Não tenho . . .). 5. Durmo de noite. 6. Take this luggage to the station! 7. That dog has just run into the road. 8. Both sons like swimming. 9. Buy those flowers! 10. They are going to send the books.

Exercício 7 (a). 1. (Ela) dá-me o meu chapéu. 2. Mostro-lhe o bilhete. 3. Fa-lo: não o fazem. 4. Devo dizer-lhe o meu nome. 5. Não posso dar-lhes o dinheiro. 6. De mim: sem eles (elas). 7. Detrás de nós: com ela. 8. Entre eles (elas): contra ti, vós, o(s) senhor(es). 9. Não a beba! 10. Fa-lo. Ei-lo.

Exercício 7 (b). 1. Dou-lhe o dinheiro. 2. Mostro-o a meu pai. 3. Não a fazem. 4. Dão-lhe o seu chapéu. 5. Não devo tomá-lo.

Exercício 8 (a). 1. O senhor tem de levar-me a bagagem. 2. Vem com seu filho. 3. Dá ao mendigo o dinheiro. 4. Digo ao gerente o meu nome. 5. Mostramos ao cocheiro os nossos bilhetes.

Exercício 8 (b). 1. Tem de levar-ma. 2. Vem com ele. 3. Dá-lho. 4. Digo-lho. 5. Mostramo-lhos.

Exercício 8 (c). 1. Vende-lhos (lhas). 2. Dá-lhos (lhas). 3. Mostram-nos (nas). 4. Manda-no-lo (la). 5. Vêm connosco.

Exercício 9 (a). 1. Comprei um relógio. 2. Repetiu o senhor a história? 3. O viajante descrevia a sua viagem. 4. Usavam o telefone cada dia. 5. Gastámos muito dinheiro ontem. 6. Seu filho achou o dinheiro. 7. Então pousei o telefone. 8. Bebia vinho. 9. O comboio partia quando chegámos. 10. Convidei-o.

Exercício 9 (b). 1. My father was putting his suit on when we arrived. 2. I used to eat an egg in the morning. 3. She used to visit me every month. 4. The woman read the letter again. 5. The doctor was beginning to write my name when he put down the pencil.

Exercício 10 (a). 1. Quando sai do hotel, deram-me a minha conta. 2. Fui ao hotel, ainda que era muito caro. 3. O senhor veio (chegou) ontem? 4. Sei que o porteiro tinha a minha bagagem. 5. Quando entrámos no quarto, ela dormia. 6. They went to the station. 7. They told him (her) that he (she) was to wait. 8. I went to telephone (and telephoned) my friend. 9. We went into the office, because we wanted to pay the bill. 10. My brother went to look for his luggage.

Exercício 10 (b). It was 5 p.m. when they told me by phone that the plane which left England in the morning was about to arrive at Lisbon. I drank (took) my tea hurriedly, put on my overcoat and set out for Sacavém airport, where on that day my friend Smith was arriving, who was visiting Portugal for the first time. I called (hailed) a taxi that was passing, and in five minutes it put me down at the aerodrome. There was a big crowd, perhaps because it was Sunday.

Exercício 10 (c). 1. Chegou ao aeroporto de Sacavém (de Lisboa). 2. O meu amigo Smith visitava Portugal. 3. Levou cinco minutos. 4. Quando ouvi-o, bebia uma chávena de chá. 5. Porque era domingo (por ser domingo).

Exercício 11 (a). 1. O senhor tem o dinheiro com que comprar (para comprar) um bilhete de ida e volta? 2. Fomos à aldeia que visitaram ontem os nossos amigos. 3. A conta que paguei (N.B. *gu*): o médico que (ou a quem) chamámos. 4. Comprou o livro de que falava. 5. Em Portugal há vinhos, dos quais bebemos poucos. 6. Os ovos que nos deram eram bons.

Exercício 11 (b). 1. The suit that his father is wearing is black. 2. I have just read the newspapers which he (you, she) sent me. 3. The porter (whom) he (you, she) called is here. 4. He bought various books whose titles I don't know.

Exercício 12 (a). 1. Essas (aquelas) laranjas são mais doces que este melão. 2. A minha mala é o mais pesado no comboio. 3. Sua irmã fêz compras ontem no mercado. 4. Queria fechar a janela que dava para o jardim. 5. O relógio deu as cinco enquanto esperava na estação. 6. Escolha um emprego melhor! 7. Faz mais frio de noite. 8. Temos o quarto mais cómodo do hotel. 9. Viram o homem mais velho da aldeia. 10. Estava a água mais cálida ontem.

Exercício 12 (b). 1. His room is less comfortable than mine. 2. I didn't go for a walk along the street. 3. In the market they used to sell the best oranges. 4. I am 18

(years old), but my sister is older. 5. He is drinking
extremely pure water.

Exercício 13 (a). 1. Não apanharemos o comboio.
2. Não o apanharemos. 3. Não beberei a água: bebê-la-ei.
4. Mostrar-no-los-á. 5. Convidá-la-íamos. 6. Se está o
automóvel em pane terá de buscar uma garagem.
7. Há alguém aqui que fale inglês? (fale [subjunctive]—
see Lesson 24.) 8. Quereria ver um chapéu mais barato.
9. Tomarei este quarto. 10. Quanto lhe devemos?

Exercício 13 (b). 1. Faça o favor de dizer-me onde
posso comprar uns bilhetes postais? 2. Desculpe-me: há
um quiosque de telefone no hotel? Qual é o porte duma
carta para Inglaterra? 4. Há algumas cartas para mim?
5. Quando recebeu o bilhete postal, ficou assombrado.

Exercício 14 (a). 1. Among the many languages
spoken in the world are the following: (how many
of these did you recognise?) 2. The people must hurry.
The train is full. There isn't an empty seat. 3. The train
is considerably delayed because there are so many people.
4. The train is away (off) now. 5. The grandmother and
grandfather got married a long time ago. 6. They first
saw each other at Viana near the river (down by the
river). 7. They became engaged. This pleased their
relatives. 8. They got married in Lisbon and returned to
Viana. 9. They lived in Santarém near their families:
father, mother, two uncles, three aunts, four nieces and a
little nephew. 10. They never regretted choosing a house
there. 11. They never get tired of talking about that
house.

Exercício 14 (b). 1. A língua chama-se francês. 2.
Casaram-se há muito tempo. 3. Alegraram-se porque
ficaram noivos. 4. Porque o comboio está cheio. 5. O

comboio demora-se porque há tanta gente. 6. Onde estão meus sobrinhos? Devem estar em casa. 7. O Sr. precisa de ter um bilhete para o comboio. 8. Já hão de avistar-se.

Exercício 14 (c). Whilst my friend Smith was going off towards the station I had a look at what was happening around me. Various lively groups, followed by porters with trunks, made me realise that these were travellers who had just arrived with their families. I noticed that the four big runways crossed exactly in the centre of the aerodrome. I broke off my observations because my niece was approaching.

Exercício 15 (a). 1. Conhece o senhor este velhote? 2. Sabia que tinha comprado (comprara) o quadro. 3. Porque o comprou? 4. Tenho-lhe emprestado dinheiro. 5. Devemos conhecer os nossos vizinhos.

Exercício 15 (b). 1. They had left when we arrived. 2. We don't know the guests. 3. I would have taken the scissors. 4. They had waited at the corner but their friends did not come. 5. I know that they (had) worked all day.

Exercício 16 (a). 1. Without our enjoying the music. 2. I went in without you(r) seeing me. 3. He noticed us passing. 4. I passed without seeing them. 5. I passed without you(r) seeing me.

Exercício 16 (b). 1. Ri sem me ouvirem. 2. Vive sem trabalhar. 3. Não posso vê-los. 4. Tenho bastante dinheiro para comprar um relógio. 5. Há a probabilidade de serem punidos. 6. Onde há um bom restaurante? 7. Tenho comigo uns embrulhos. 8. Desejamos (queremos) dois beliches. 9. Quero manda umas camisas à lavandaria. 10. Onde fica (é) o correio mais perto daqui?

Exercício 17 (a). 1. Ao entrarem os viajantes (Quando os viajantes entraram) na estação, tinha partido o comboio. 2. Acabam de convidar-me a tomar café na praça. 3. O cão começou a correr. 4. Lembrar-se-á de visitar-nos. 5. O velhote cessou de rir. 6. A dizer isto, arrepender-nos-íamos. 7. Tenho deixado de fumar. 8. Ao falarmos, os vizinhos entenderam. 9. O que $\left\{\begin{array}{l}\text{anda}\\\text{esta}\end{array}\right\}$á escrever sue irmão? 10. Ocupa-se em ajudar Jorge com o seu exercício.

Exercício 17 (b). 1. Do you like being in Lisbon? 2. The travellers began to get out of the taxi. 3. They made her get out. 4. They were looking for a doctor. 5. I am learning to speak Portuguese.

Exercício 18 (a). 1. A bagagem foi trazida por um carregador. 2. A mesa estava coberta de livros. 3. Perdeu-se todo o seu dinheiro. 4. As casas tão grandes não se vendem a miúde. 5. A minha carta será recebida amanhã. 6. A nossa conta tinha sido pagada. 7. O seu amigo chamava-se Pedro. 8. Os novos vizinhos tinham sido visitados pelo médico. 9. Não se faz em Portugal. 10. Nomearam-no (foi nomeado) professor.

Exercício 18 (b). The family of George Aguiar had invited some friends to celebrate their son's birthday. After the usual toasts, washed down with mellow port, they all rose and made their way to the lounge, where the atmosphere, warmed by a neat-looking stove, and several armchairs were conducive to pleasant conversation. The wind whistling outside reminded everyone that the winter was not yet over. A young servant-girl handed round coffee and liqueurs, went out, closing the door very gently.

Exercício 19 (a). 1. I wouldn't have it at any price. 2. I shall never forget that. 3. Old men never hurry. 4. I bought this car at a high price and I shall have to sell it cheap(ly). 5. When I arrived, the fires were already lit.

Exercício 19 (b). 1. Faz favor de falar baixo. 2. Os lavradores trabalham industriosamente. 3. Paga-lo-á caro. 4. Ela saiu tristemente do quarto. 5. Os móveis estavam hábil e cuidadosamente feitos.

Exercício 20 (b). 1. A pensão diária no Grande Hotel do Parque custa cento e vinte escudos. 2. A conta foi apresentada a vinte e quatro de Março. 3. O senhor hóspede gostava mais do sabonete. 4. Comeu fruta três vezes. 5. Tomou um chá simples uma vez. 6. Estamos no ano de 1961 (and so on). 7. Estamos no mês de . . . . 9. A unidade monetária chama-se cruzeiro no Brasil. 10. Um cruzeiro contém cem centavos.

Exercício 21 (a). O terceiro dia (o dia terceiro); faltam vinte (minutos) para as dez; às oito; onze horas e meia; três quartos; tenho vinte e cinco anos; cinco dezasseis-avos; seis horas e um quarto; João quinto.

Exercício 21 (b). "Oh, what a pity! And I simply had to give her a message from Augusta. Let me see what time it is. It's turned quarter past three."

"I don't think your watch is right, Raul; by mine it's exactly three o'clock, and I have complete confidence in it. It goes very well."

"You seem to be right, Mrs. ——, I was just thinking that this watch was gaining. I must send it to the watch-maker to be put right."

"But to get back to the subject. If you really need to speak to Laura, you will very likely meet her between 3.45 and 4.20 in the Rua do Ouro. You'll have to have a look in the goldsmith's shops there, because she went to buy a present to give her father on his birthday."

Exercício 22 (a). 1. Este recado foi mandado por meu irmão. Não pode vir por ser hoje o dia dos anos dele. 2. Este clima é demasiado frio para mim. 3. Sílvio despede-se de Cambridge, não por estar doente mas por ter assuntos importantes a tratar. 4. O melhor destes poemas foi escrito por Luís de Camões. 5. O relógio foi roubado na ourivesaria por um jovem alto e delgado. 6. Pelo fim do dia Pedro foi chamado pelo capitão do navio. 7. Demos um passeio pelo jardim que pertencia ao autor. 8. O médico mostrou-se agradável para mim. 9. Automóveis circulavam todo o dia pelas ruas da cidade. 10. —Por Espanha! bradou (ele).

Exercício 23. O vinho é barato na França; pede a justiça; o Rei João; o velho Luís; este vinho custa 20$00 a garrafa; em Lisboa, capital de Portugal; tais homens; o orgulho não basta; escurecia quando chegámos; resultou que perdeu todo o seu dinheiro.

Exercício 24 (a). 1. I told him to bring (carry) the oranges to the table. 2. They didn't want the horse to stay (be left) in the field. 3. When he goes to Lisbon I shall go with him. 4. There is no one who is not mistaken now and then. 5. There is nothing that can save us. 6. I doubt whether he has seen such a thing today.

Exercício 24 (b). 1. É pena que o rapaz perca o seu tempo. 2. Deu-nos dinheiro para que fôssemos de comboio. 3. Não respondeu ao nosso pedido para que nos dessem mais de comer. 4. Precisavam de uma mulher que soubesse a dactilografia. 5. Proibi que meu filho comprasse tal automóvel. 6. Decorreram dias sem que tocassem mais no assunto.

Exercício 25 (a). 1. Entremos no quarto. Vejamos o que está ali. 2. Diga-nos o que há detrás daquela porta. 3. Seria pena se não entendesse. 4. Não abra(m) as janelas! 5. Talvez o irmão dela recusasse ir. 6. (Ela) riu como se se alegrasse.

Exercício 25 (b). 1. If I was (were) in Lisbon I would visit Sintra. 2. It is clear that he has never stayed in Portugal. 3. Nobody must know his name. 4. Perhaps in eight or ten days I shall be back. 5. Excuse me!

Exercício 26 (a). 1. Tendo dito algumas palavras seguiram lendo. 2. A cancela fechada e as árvores verdes livravam o lugar (sítio) de barulho. 3. Deixando a casa, ambos andaram pela avenida até à estrada (rua). 4. Carlos estava sentado no jardim, fumando um cigarro e lendo Folhas Caídas. 5. Escreveu "pago" na conta. 6. Vendo a porta aberta, entrou. 7. A rapariga entregou o recado. 8. Vimos aproximar-se o médico. 9. Be informed (lit. "remain knowing") that the professor is not ill. 10. I went on working until my parents arrived (= should arrive).

Exercício 27 (a).

Lisboa, 7 de Dezembro de 1969

Illmos. Snrs.,

Castanheira & Azevedo,
Av.ª Almirante Reís, 1001
Luanda (Angola).

Prezados Snrs.,

Acusamos a recepção de v/estimada carta de ontem da qual retirámos o cheque No. 102-B ao Banco Nacional Ultramarino na importância de *Esc.* 11.274 $00 para liquidação da n/factura No. 455 que agradecemos.

Aproveitamos a oportunidade para, em separado, enviar a V. Sas. amostras de tecidos de lã que actualmente fabricamos e cujos preços são os constantes dos inclusos catálogos e gozam dos habituais descontos.

A qualidade dos n/artigos é escolhida, e estamos certos que nenhuma outra fábrica pode connosco competir, tanto em preço como em qualidade; por este motivo esperamos que V. Sras se dignem dar-nos as suas ordens, que serão ràpidamente executadas.

Com muita consideração, subscrevemo-nos
De. V. Sas.
Attos. Mt.º Vendrs.
BASTO E PINHEIRO LTDA.

Exercício 27 (b). Querido Duarte, Aqui estou a cumprir o prometido, depois de uma magnífica viagem a que, dadas as actuais dificuldades de transporte, devo, com mais propriedade, chamar passeio.

A vida que por aqui levo é, como deves calcular, uma vida santa: comer, passear e dormir. Portanto, e à falta de melhor assunto, vou procurar descrever, em traços largos, o lugar onde me encontro a passar as férias e, com o pouco que até aqui observei, a maneira de ser dos seus habitantes.

O Sobral é um lugarejo, distante da Vila da Lourinhã uns cinco quilómetros. Há, como em todos os lugares habitados do nosso território, a inevitável igreja, dois ou três solares feudais, e, o resto, são meia centena de casitas brancas e toscas. A iluminação usada é, ou a petróleo ou a azeite. Além dos caminhos, também toscos, não se encontra um palmo de terra por cultivar. Restam quando muito, uns dois ou três pequenos pinhais.

Os seus habitantes são gente humilde e trabalhadora; devotos ferverosos; autênticos escravos da terra. Ainda mal rompe o sol, já eles vão a caminho das suas fazendas, onde, com curtos intervalos para tomarem as suas refeições, se conservam até ao pôr do sol.

A vida resume-se nisto: Trabalhar sempre, comer quando há e descansar o indispensável.

O tradicional dia de descanso é o domingo; de manhã vão à missa e, o resto da tarde, passam-no nas adegas a jogar às cartas ou ao chinquilho, únicos divertimentos que conhecem.

Faz impressão, confesso, verificar que, sendo esta pobre gente a mola real do mundo, viva tão abandonada.

Até à vista e um abraço do teu
Sincero Amigo,
TOMÁS.

PART III

More Advanced Passages for Reading

AFTER completing the Lessons the student should be able to profit from the following passages. A dictionary may be needed for some of the more difficult words.

1. *Brasil*

Dentre os países a quem o fim desta guerra reserva um largo futuro destaca-se o Brasil, a maior nação sul-americana—e tão grande que confina com nada menos que dez nacionalidades. Descoberto em 1500 (mil e quinhentos) pelo navegador português Pedro Álvares Cabral, a sua colonização iniciou-se logo a seguir. A fertilidade do solo e o espírito de iniciativa e sacrifício dos portugueses transformaram o nada que aquilo era na maravilha que hoje é. Os seus recursos naturais, em grande parte por explorar, dada a imensa superfície de solo que o país ocupa, hão-de por certo garantir ao Brasil um porvir próspero sob todos os aspectos.

A sua população orça por uns quarenta e cinco milhões de habitantes, mas não é difícil antever o dia em que ela atingirá os cem ou mais, pois que o desenvolvimento que esta nação vem sofrendo nos últimos anos permite-nos afoitamente fazer tais previsões.

A língua é, evidentemente, a portuguesa e já hoje muita gente se dedica à sua aprendizagem não só por se saber que por seu intermédio pode uma pessoa pôr-se em contacto com uma literatura riquíssima, mas ainda porque se antevê o papel económico que o Brasil desempenhará no mundo.

Os Estados Unidos da América descobriram há muito o valor do seu rival do sul e por isso intensificaram o estudo da língua portuguesa a tal ponto que a grande maioria das suas Universidades adoptou o português como disciplina. O mesmo fizeram todos os outros países da América, embora não com tanta intensidade.

Produções principais? O café em primeiro lugar, pois é tão abundante que só o Brasil fornece metade da produção mundial. Vêm a seguir, entre outros, o algodão, a cana de açúcar e o gado. Há também toda a espécie de minérios e se o petróleo não constitui hoje uma grande riqueza nacional é porque grandes obstáculos se têm levantado a impedi-lo. Mas todos serão destruídos na altura em que os brasileiros se resolverem definitivamente a avançar.

Sob o aspecto turístico há um sem-número de monumentos, praias, piscinas, campos onde toda a variedade de desportos é praticada, e, enfim, o sertão, a selva imensa, a abrir os braços ao explorador numa tentação.

Diz-se que dentre os mais belos panoramas que a olhos humanos é dado contemplar se destaca a formosa baía do Rio de Janeiro, capital do Brasil, considerada uma das mais belas cidades do mundo e célebre particularmente pelos seus famosos Carnavais, cheios de luxo, vida, entusiasmo e loucura. Vá lá o estrangeiro e trará consigo recordações inolvidáveis.

Enquanto as facilidades de transporte que o novo mundo nos promete não forem um facto, pode o inglês que resolve visitar aquele país aproveitar várias carreiras de navegação sendo a principal a R.M.S. que desde 1850 (mil oitocentos e cinquenta) estabelece a ligação entre a Inglaterra (partindo de Southampton) e os catorze mais categorizados portos brasileiros. Além disso tem à sua disposição na Europa outras Companhias de Navegação, destacando-se as italianas, portuguesas e alemãs.

Os mais importantes centros populacionais são, além da capital, São Paulo, Baía, Recife, e Belém. Dos cursos de água (rios) é digno de citação o Amazonas, com 5.000 (cinco mil) quilómetros de extensão e 160 (cento e sessenta) de largura máxima na foz.

2. *Um idílio*

Era no verão.

O céu quase branco; um sol esbraseante a recozer a terra. As pastagens queimadas, as fontes secas, os ribeiros sem água.

As cigarras cantavam.

A Rosa arranjou a cesta com o jantar do marido e entregou-a à Anitas, à filha, recomendando-lhe que o fosse levar à várzea onde andava a lavoura.

Toma cuidado!—recomendou ela.—Olha lá, não saias do caminho. E enquanto a rapariga se afastava, Rosa voltou-se para a vizinha, a mulher do guarda que costurava sentada no degrau da porta.

As cigarras cantavam.

Obediente às recomendações da mãe, Anitas seguia pelo caminho, arrastando os pés.

Ao princípio ia a pensar no pai, no jantar que lhe levava; era preciso ir depressa, chegar cedo. Depois foram-lhe acudindo outras idéias.

De repente levantou-se uma perdiz que fugia soltando um grito. Com os olhos brilhantes Anitas desatou a correr na direcção que a perdiz tomara.

É um perdigão! exclamou ela radiante—Se eu o apanho! Ouvia ao longe o tilintar compassado de guizal-

heiras. Viu um homem com três machos. Cantava uma
cantiga muito velha que Anitas sabia desde pequena:

> Ó minha bela menina,
> Hoje sim, amanhã não . . .

Anitas levantou-se de um salto, e respondeu:

> Hoje me tiram a vida,
> Amanhã o coração

Tinha uma voz fresca e pura, muito alta, afinada
como a de uma toutinegra.

—Bons dias—disse ele tocando com os dedos na borda
do chapéu. Sabe-me dizer se há por aqui alguma fonte?

3. *Um Encontro*

Dois amigos que já há muito tempo se não viam
encontram-se na Estação de S. Bento, no Porto, ambos a
caminho do comboio.

Alfredo.—Olá, Mário, tu por aqui?

Mário.—Então, como vai essa saúde? Há tanto tempo
    que não te vejo.

A.—Temos que nos apressar, senão não apanhamos o
    comboio. Queres que te ajude?

M.—Não, obrigado, bem te bastam essas duas malas
    que aí levas.

A.—Esta carruagem está à cunha, vai ver se descobres
    dois lugares vagos.

M.—Cá está um compartimento absolutamente sem nin-
    guém. Vamos arrumar as nossas coisas, antes
    de mais nada, para depois podermos dar à língua
    um bocado.

A.—Pronto, está tudo arrumado. É melhor ficarmos
    aqui ao pé da janela; sempre se vai observando
    a paisagem.

M.—Muito bem. Ora então conta-me lá o que é feito de ti, rapaz. Nunca dás notícias tuas a ninguém, de modo que não se sabe se és vivo ou morto.

A.—Concordo contigo, tenho de me modificar e daqui para o futuro serei mais pontual no que respeita a correspondência.

M.—Bem, vamos lá saber, antes de mais nada, para onde é a ida.

A.—Vou a Régua tratar duns negócios de vinhos; comprei bilhete de ida e volta e tenciono regressar depois de amanhã ao Porto. E tu?

M.—Olha, eu vou mais acima, vou ao Vidago passar uma temporada em casa do Manuel e aproveito a ocasião para fazer uma cura de águas.

A.—Ah! Vais ver o Manuel? Que é feito dele? Que apareça mais vezes; desde que se casou nunca mais saiu da terra.

M.—Olha, será melhor abrir a janela; estou a sentir muito calor. Isso, obrigado.

A.—Livra! O tempo voa! Já vamos para lá de Ermezinde. Lá está o rio Douro.

M.—É verdade, lá está ele. E que lindas que são as margens! Nunca me canso de gozar esta vista, que é defacto surpreendente.

A.—Nem eu, embora prefira a paisagem trasmontana, que está mais de acordo com o meu temperamento de homem nascido entre montanhas.

M.—Que terra é aquela além?

A.—Ah! Aquilo é o Moledo, mas ainda nos leva um bom bocado a chegar lá; repara que esta linha é cheia de curvas.

M.—É verdade! Agora me lembro que já tive de ali passar uma noite há seis anos.

A.—Boa gente? Sim, muito boa, como toda a gente da região.

M.—Que estação é esta agora? O comboio está-se a
    demorar mais do que o costume.

A.—Isto aqui é Godim. Ah! Bem me parecia; chega
    aqui à janela e verás a grande quantidade de
    gente que aí vem! Foi hoje o dia da romaria
    anual.

4. Arrival in Lisbon

—Pois não, já conheces o principal, que é a língua.

—E a propósito: que é aquilo lá em baixo, mesmo ao
fundo desta Avenida?

—Ah! aquilo é o Campo Grande.

—O tal sítio onde está a Praça de Touros?

—Não, isso é no Campo Pequeno, que fica logo a
seguir.

—Cá estamos nós. Palavra que estou encantado! Que
lindo e convidativo arvoredo! O melhor é tomarmos
pelo caminho do centro.

—Está muito bem, vamos lá. Olha à tua frente agora,
que dizes?

—Referes-te ao lago, não? Sim, senhor, até me está a
apetecer remar um bocado. Qualquer dia voltaremos cá
com mais vagar, é preferível.

—Concordo; entretanto vem ver aquela estátua,
que simboliza a Guerra Peninsular.

—É realmente uma autêntica maravilha, e, até certo
ponto, está ligada à História de Inglaterra pois, segundo
creio, foi nesta altura que Wellington esteve em Portugal, contribuindo em grande parte para a derrota de
Napoleão. Que tais os meus conhecimentos de história?

—Bravo! Gosto disso. Pelo visto não precisarás de
muitas explicações em Lisboa a respeito de monumentos.

—É claro que não; até sou capaz de te citar já os
principais, queres?

—Valeu! Entretanto olha ali para a esquerda.

—Ah! lá está a Praça de Touros! É um grande edifício, na verdade, e quase me faz lembrar o estilo árabe. Outra coisa! que avenida é esta em que vamos?

—É a Avenida da República, que termina lá em cima na Praça Duque de Saldanha, cuja estátua se ergue justamente ao centro. Mas, voltando "à vaca fria" como diz o nosso povo, vamos lá saber quais são os nossos principais monumentos?

—Tu pensas que não sei? Ouve lá então: "Marquês de Pombal", ao cimo da Avenida da Liberdade, "Restauradores" ao fundo; "Duque de Terceira" perto do Cais do Sodré; "D. José I" no terreiro do Paço, e "Afonso de Albuquerque" na Junqueira.

—Estou admirado com os teus conhecimentos, rapaz. Os meus parabéns. E já agora voltemos à esquerda e dêmos uma saltada a minha casa.

—É verdade, cá está a Avenida Barbosa du Bocage. O número é que me não lembra.

—37 sem tirar mem pôr, e cá estamos nós. Deixa-me tocar à campainha. Aí vem a criada. Ora entra lá. Aqui tens o bengaleiro, onde podes colocar o chapéu e a gabardine. Ali à direita é o teu quarto, a porta a seguir é a casa de banho e ao fundo deste corredor temos dum lado a sala de visitas e do outro a de jantar. Para já vem ver o teu quarto.

—Agrada-me, rapaz, é amplo e arejado como eu gosto. Bem, então, espera-me na sala de visitas enquanto vou tomar um banho e mudar de roupa.

—Pronto, fica à tua vontade. Se precisares de qualquer coisa toca a campaínha.

5. *Alguns Escritores Portugueses*

Estudar uma língua estrangeira não é mais nem menos que uma tentativa para a compreensão do temperamento, natureza, índole ou psicologia do povo que a fala.

E quanto mais profundo for o contacto que tivermos com essa língua, tanto melhor podemos compreender toda a diversidade de reacções e sentimentos que caracterizam os que dela se utilizam desde que nasceram.

Numa literatura como a portuguesa, rica, antiga e fecunda como poucas, pode o estrangeiro, se o tempo lhe sobejar e caso tenha interesse nisso, analisar as várias "metamorfoses" que o carácter dos portugueses, a sua ciência e língua têm sofrido através dos séculos. Queremos crer que seria uma tarefa, não diremos fácil, mas pelo menos cheia de curiosos imprevistos.

Mas se o leitor precisa apenas de um guia que o conduza ao que de melhor há na literatura portuguesa, tentaremos dar-lhe umas leves indicações gerais. Evidentemente que em tudo se quere ordem e certamente alguns escritores não poderão ser compreendidos sem um razoável conhecimento da língua.

CAMÕES, no seu duplo aspecto épico e lírico, é um poeta cujo nome todo o lusófilo deve conhecer, e não só o nome, é claro, mas principalmente a obra. É o maior épico português e o seu poema imortal *"Os Lusíadas"* ocupa na nossa literatura o mesmo lugar que a Bíblia em matéria de religião. É uma espécie de livro santo, onde, em versos incomparáveis, o seu estro fulgurante traça a história de Portugal até à data. Se algum português duvidar um dia dos destinos da nacionalidade o seu melhor amigo com certeza lhe colocará na mesinha de cabeceira o poema nacional! No dia seguinte já é outro homem!

JULIO DINIZ, tão português, tão simples, é infalível que captará a atenção do leitor e particularmente da leitora estrangeira. As suas obras, porque morreu bastante novo, mostram-nos a vida por um prisma ideal. Diálogos variados, descrições animadas, mantêm constante o bom-humor e curiosidade do leitor pela sequência da acção.

CAMILO CASTELO BRANCO é o romântico por excelência. A sua obra é vastíssima e riquíssima de vocabulário. Nos seus livros está impressa toda a sensibilidade e sentimentalismo nacionais, exacerbados ao máximo pelo ambiente da época. A sua coroa de glória é o *Amor de Perdição*.

Para o leitor erudito, com adiantados conhecimentos literários e humanos, está maravilhosamente indicado EÇA DE QUEIROZ, a subtileza, o espírito crítico, a beleza de expressão, enfim, a arte em literatura. O inglês que conheça bem Dickens há-de encontrar muitos pontos de semelhança entre ambos. Sem dúvida que *Eça de Queiroz* é mais fino, mais mordaz, mais fortemente satírico, com uma natural e mais pronunciada tendência para o belo. São os múltiplos aspectos da vida observados através do monóculo dum homem culto, viajado e diplomata. Residiu durante algum tempo em Inglaterra. *Os Maias, O Crime do Padre Amaro, O Primo Basílio*, e muitas outras ficarão como monumentos eternos dum dos mais elevados espíritos europeus do século dezanove.

WORKS OF REFERENCE AND FURTHER READING

Willis, R. C., *An Essential Course in Modern Portuguese* (Harrap).

Houaiss and Avery (ed.), *New Appleton Dictionary of English and Portuguese* (Appleton-Century-Crofts, New York).

Michaelis Novo Dicionario ilustrado, português-inglês, inglês-português (Brockhaus, Wiesbaden, and Companhia Melhoramentos de São Paulo, Brazil).

Taylor, J. L., *A Portuguese-English Dictionary* (Harrap).

Atkinson, D. M. (ed.), *Selections of Nineteenth Century Portuguese Prose* (Harrap).

The Oxford Book of Portuguese Verse (Oxford University Press).

Livermore, H. (ed.), *Portugal and Brazil: an Introduction* (Oxford University Press).

Livermore, H., *A New History of Portugal* (Cambridge University Press).

VERBS

The Three Regular Conjugations

Falar (to speak)   *Vender* (to sell)   *Partir* (to go away, leave)

Indicative

Present

(eu) falo, I speak	*vendo,* I sell	*parto,* I leave
(tu) falas	*vendes*	*partes*
(ele) fala	*vende*	*parte*
(nós) falamos	*vendemos*	*partimos*
(vós) falais	*vendeis*	*partis*
(eles) falam	*vendem*	*partem*

Imperfect

falava, I spoke	*vendia,* I sold	*partia,* I went
falavas	*vendias*	*partias*
falava	*vendia*	*partia*
falávamos	*vendíamos*	*partíamos*
faláveis	*vendíeis*	*partíeis*
falavam	*vendiam*	*partiam*

Past Definite

falei, I spoke	*vendi,* I sold	*partia,* I went
falaste	*vendeste*	*partiste*
falou	*vendeu*	*partiu*
falámos	*vendemos*	*partimos*
falastes	*vendestes*	*partistes*
falaram	*venderam*	*partiram*

Pluperfect

falara, I had spoken	*vendera,* I had sold	*partira,* I had gone
falaras	*venderas*	*partiras*
falara	*vendera*	*partira*
faláramos	*vendêramos*	*partíramos*
faláreis	*vendêreis*	*partíreis*
falaram	*venderam*	*partiram*

Future

falarei, I shall speak	*venderei*, I shall sell	*partirei*, I shall go
falarás	*venderás*	*partirás*
falará	*venderá*	*partirá*
falaremos	*venderemos*	*partiremos*
falareis	*vendereis*	*partireis*
falarão	*venderão*	*partirão*

Conditional

falaria, I should speak	*venderia*, I should sell	*partiria*, I should go
falarias	*venderias*	*partirias*
falaria	*venderia*	*partiria*
falaríamos	*venderíamos*	*partiríamos*
falaríeis	*venderíeis*	*partiríeis*
falariam	*venderiam*	*partiriam*

Imperative

fala (tu), speak	*vende*, sell	*parte*, leave
falai (vós)	*vendei*	*parti*

Subjunctive
Present

fale, I may speak	*venda*, I may sell	*parta*, I may leave
fales	*vendas*	*partas*
fale	*venda*	*parta*
falemos	*vendamos*	*partamos*
faleis	*vendais*	*partais*
falem	*vendam*	*partam*

Imperfect

I might speak, etc.	I might sell, etc.	I might leave, etc.
falasse	*vendesse*	*partisse*
falasses	*vendesses*	*partisses*
falasse	*vendesse*	*partisse*
falássemos	*vendêssemos*	*partíssemos*
falásseis	*vendêsseis*	*partísseis*
falassem	*vendessem*	*partissem*

Future

I may speak, etc.	I may sell, etc.	I may leave, etc.
falar	*vender*	*partir*
falares	*venderes*	*partires*
falar	*vender*	*partir*
falarmos	*vendermos*	*partirmos*
falardes	*venderdes*	*partirdes*
falarem	*venderem*	*partirem*

Personal Infinitive

The Personal Infinitive of the regular conjugation is exactly like the Future Subjunctive.

falar, etc.   *vender*, etc.   *partir*

Present Participle

falando   *vendendo*   *partindo*

Past Participle

falado   *vendido*   *partido*

Conjugation of the Three Auxiliary Verbs, and of Estar

Ter (to have)   *Haver* (to have)   *Ser* (to be)   *Estar* (to be)

Indicative
Present

tenho	hei	sou	estou
tens	hás	és	estás
tem	há	é	está
temos	havemos	somos	estamos
tendes	haveis	sois	estais
têm	hão	são	estão

Imperfect

tinha	havia	era	estava
tinhas	havias	eras	estavas
tinha	havia	era	estava
tínhamos	havíamos	éramos	estávamos
tínheis	havíeis	éreis	estáveis
tinham	haviam	eram	estavam

Past Definite

tive	houve	fui	estive
tiveste	houveste	foste	estiveste
teve	houve	foi	esteve
tivemos	houvemos	fomos	estivemos
tivestes	houvestes	fostes	estivestes
tiveram	houveram	foram	estiveram

Pluperfect

tivera	houvera	fora	estivera
tiveras	houveras	foras	estiveras
tivera	houvera	fora	estivera
tivéramos	houvéramos	fôramos	estivéramos
tivéreis	houvéreis	fôreis	estivéreis
tiveram	houveram	foram	estiveram

Future

terei	haverei	serei	estarei
terás	haverás	serás	estarás
terá	haverá	será	estará
teremos	haveremos	seremos	estaremos
tereis	havereis	sereis	estareis
terão	haverão	serão	estarão

Conditional

teria	haveria	seria	estaria
terias	haverias	serias	estarias
teria	haveria	seria	estaria
teríamos	haveríamos	seríamos	estaríamos
teríeis	haveríeis	seríeis	estaríeis
teriam	haveriam	seriam	estariam

Imperative

tem	há	sê	está
tende	havei	sede	estai

Subjunctive
Present

tenha	haja	seja	esteja
tenhas	hajas	sejas	estjas
tenha	haja	seja	esteja
tenhamos	hajamos	sejamos	estejamos
tenhais	hajais	sejais	estejais
tenham	hajam	sejam	estejam

Imperfect

tivesse	houvesse	fosse	estivesse
tivesses	houvesses	fosses	estivesses
tivesse	houvesse	fosse	estivesse
tivéssemos	houvéssemos	fôssemos	estivéssemos
tivésseis	houvésseis	fôsseis	estivésseis
tivessem	houvessem	fossem	estivessem

Future

tiver	*houver*	*for*	*estiver*
tiveres	*houveres*	*fores*	*estiveres*
tiver	*houver*	*for*	*estiver*
tivermos	*houvermos*	*formos*	*estivermos*
tiverdes	*houverdes*	*fordes*	*estiverdes*
tiverem	*houverem*	*forem*	*estiverem*

Personal Infinitive

ter	*haver*	*ser*	*estar*
teres	*haveres*	*seres*	*estares*
ter	*haver*	*ser*	*estar*
termos	*havermos*	*sermos*	*estarmos*
terdes	*haverdes*	*serdes*	*estardes*
terem	*haverem*	*serem*	*estarem*

Present Participle

tendo	*havendo*	*sendo*	*estando*

Past Participle

tido	*havido*	*sido*	*estado*

Conjugation of Irregular Verbs

Irregular verbs in Portuguese are not numerous. They may be divided into three classes according to their terminations *ar*, *er*, *ir*.

1st Conjugation: *dar*.

2nd Conjugation: *caber*, *saber*, *crer*, *ler*, *dizer*, *fazer*, *poder*, *prazer*, *querer*, *trazer*, *ver*, *pôr* (formerly *poer*).

3rd Conjugation: *ir*, *rir*, *vir*.

ver and *vir* are placed side by side for comparison.

A few verbs which have an irregularity in the present indicative and the present subjunctive: *ferir*, *medir*, *ouvir*, *pedir*, *parir*, *perder*, *seguir*, *servir*, *valer*, *vestir*.

dar, to give

Indicative

Present.	*dou, dás, dá, damos, dais, dão*
Imperfect.	*dava, davas, dava, dávamos, dáveis, davam*
Past Def.	*dei, deste, deu, demos, destes, deram*
Pluperfect.	*dera, deras, dera, déramos, déreis, deram*
Future.	*darei, darás, dará, daremos, dareis, darão*
Conditional.	*daria, darias, daria, daríamos, daríeis, dariam*
Imperative.	*dá dai*

Subjunctive

Present.	*dê, dês, dê, dêmos, deis, dêem*
Imperfect.	*desse, desses, desse, déssemos, désseis, dessem*
Future.	*der, deres, der, dermos, derdes, derem*
Personal Infinitive.	*dar, dares, dar, darmos, dardes, darem*
Present Participle.	*dando*. Past Participle, *dado*

caber, to be contained

Indicative

Present.	*caibo, cabes, cabe, cabemos, cabeis, cabem*
Imperfect.	*cabia, cabias, cabia, cabíamos, cabíeis, cabiam*
Past Def.	*coube, coubeste, coube, coubemos, coubestes, couberam*
Pluperfect.	*coubera, couberas, coubera, coubéramos, coubéreis, couberam*
Future.	*caberei, caberás, caberá, caberemos, cabereis, caberão*
Conditional.	*caberia, caberias, caberia, caberíamos, caberíeis, caberiam*
Imperative.	*cabe* *cabei*

Subjunctive

Present.	*caiba, caibas, caiba, caibamos, caibais, caibam*
Imperfect.	*coubesse, coubesses, coubesse, coubéssemos, coubésseis, coubessem*
Future.	*couber, couberes, couber, coubermos, couberdes, couberem*
Personal Infinitive.	*caber, caberes, caber, cabermos, caberdes, caberem*
Present Participle.	*cabendo*. Part Participle, *cabido*

saber, to know

Indicative

Present.	*sei, sabes, sabe, sabemos, sabeis, sabem*
Imperfect.	*sabia, sabias, sabia, sabíamos, sabíeis, sabiam*
Past Def.	*soube, soubeste, soube, soubemos, soubestes, souberam*
Pluperfect.	*soubera, souberas, soubera, soubéramos, soubéreis, souberam*
Future.	*saberei, saberás, saberá, saberemos, sabereis, saberão*
Conditional.	*saberia, saberias, saberia, saberíamos, saberíeis, saberiam*
Imperative.	*sabe* *sabei*

Subjunctive

Present.	*saiba, saibas, saiba, saibamos, saibais, saibam*
Imperfect.	*soubesse, soubesses, soubesse, soubéssemos, soubésseis, soubessem*
Future.	*souber, souberes, souber, soubermos, souberdes, souberem*
Personal Infinitive.	*saber, saberes, saber, sabermos, saberdes, saberem*
Present Participle.	*sabendo*. Past Participle, *sabido*

crer, to believe

Indicative

Present.	*creio, crês, crê, cremos, credes, crêem*
Imperfect.	*cria, crias, cria, criamos, críeis, criam*
Past Def.	*cri, crêste, creu, cremos, crestes, creram*
Pluperfect.	*crera, creras, crera, crêramos, crêreis, creram*
Future.	*crerei, crerás, crerá, creremos, crereis, crerão*
Conditional.	*creria, crerias, creria, creríamos, creríeis, creriam*
Imperative.	*crê crede*

Subjunctive

Present.	*creia, creias, creia, creamos, creais, creiam*
Imperfect.	*cresse, cresses, cresse, crêssemos, crêsseis, cressem*
Future.	*crer, creres, crer, crermos, crerdes, crerem*
Personal Infinitive.	*crer, creres, crer, crermos, crerdes, crerem*
Present Participle.	*crendo*. Past Participle, *crido*

ler, to read

Indicative

Present.	*leio, lês, lê, lemos, ledes, lêem*
Imperfect.	*lia, lias, lia, lia líamos, líeis, liam*
Past Def.	*li, lêste, leu, lêmos, lêstes, leram*
Pluperfect.	*lera, leras, lera, lêramos, lêreis, leram*
Future.	*lerei, lerás, lerá, leremos, lereis, lerão*
Conditional.	*leria, lerias, leria, leríamos, leríeis, leriam*
Imperative.	*lê lede*

Subjunctive

Present.	*leia, leias, leia, leamos, leais, leiam*
Imperfect.	*lesse, lesses, lesse, lêssemos, lêsseis, lessem*
Future.	*ler, leres, ler, lermos, lerdes, lerem*
Personal Infinitive.	*ler, leres, ler, lermos, lerdes, lerem*
Present Participle.	*lendo.* Past Participle, *lido*

dizer, to say

Indicative

Present.	*digo, dizes, diz, dizemos, dizeis, dizem*
Imperfect.	*dizia, dizias, dizia, dizíamos, dizíeis, diziam*
Past Def.	*disse, disseste, disse, dissemos, dissestes, disseram*
Pluperfect.	*dissera, disseras, dissera, disséramos, disséreis, disseram*
Future.	*direi, dirás, dirá, diremos, direis, dirão*
Conditional.	*diria, dirias, diria, diríamos, diríeis, diriam*
Imperative.	*diz dizei*

Subjunctive

Present.	*diga, digas, diga, digamos, digais, digam*
Imperfect.	*dissesse, dissesses, dissesse, disséssemos, dissésseis, dissessem*
Future.	*disser, disseres, disser, dissermos, disserdes, disserem*
Personal Infinitive.	*dizer, dizeres, dizer, dizermos, dizerdes, dizerem*
Present Participle.	*dizendo.* Past Participle, *dito*

fazer, to do

Indicative

Present.	*faço, fazes, faz, fazemos, fazeis, fazem*
Imperfect.	*fazia, fazias, fazia, fazíamos, fazíeis, faziam*
Past Def.	*fiz, fizeste, fez, fizemos, fizestes, fizeram*
Pluperfect.	*fizera, fizeras, fizera, fizéramos, fizéreis, fizeram*
Future.	*farei, farás, fará, faremos, fareis, farão*
Conditional.	*faria, farias, faria, faríamos, faríeis, fariam*
Imperative.	*faze* or *faz fazei*

Subjunctive

Present.	*faça, faças, faça, façamos, façais, façam*
Imperfect.	*fizesse, fizesses, fizesse, fizéssemos, fizésseis, fizessem*
Future.	*fizer, fizeres, fizer, fizermos, fizerdes, fizerem*
Personal Infinitive.	*fazer, fazeres, fazer, fazermos, fazerdes, fazerem*
Present Participle.	*fazendo.* Past Participle, *feito*

poder, to be able

Indicative

Present.	*posso, podes, pode, podemos, podeis, podem*
Imperfect.	*podia, podias, podia, podíamos, podíeis, podiam*
Past Def.	*pude, pudeste, pôde, pudemos, pudestes, puderam*
Pluperfect.	*pudera, puderas, pudera, pudéramos, pudéreis, puderam*
Future.	*poderei, poderás, poderá, poderemos, podereis, poderão*
Conditional.	*poderia, poderias, poderia, poderíamos, poderíeis, poderiam*
Imperative.	*pode podei*

Subjunctive

Present.	*possa, possas, possa, possamos, possais, possam*
Imperfect.	*pudesse, pudesses, pudesse, pudéssemos, pudésseis, pudessem*
Future.	*puder, puderes, puder, pudermos, puderdes, puderem*
Personal Infinitive.	*poder, poderes, poder, podermos, poderdes, poderem*
Present Participle.	*podendo.* Past Participle, *podido*

trazer, to bring

Indicative

Present.	*trago, trazes, traz, trazemos, trazeis, trazem*
Imperfect.	*trazia, trazias, trazia, trazíamos, trazíeis, traziam*
Past Def.	*trouxe, trouxeste, trouxe, trouxemos, trouxestes, trouxeram*
Pluperfect.	*trouxera, trouxeras, trouxera, trouxéramos, trouxéreis, trouxeram*
Future.	*trarei, trarás, trará, traremos, trareis, trarão*
Conditional.	*traria, trarias, traria, traríamos, traríeis, trariam*
Imperative.	*traze* or *traz trazei*

Subjunctive

Present.	*traga, tragas, traga, tragamos, tragais, tragam*
Imperfect.	*trouxesse, trouxesses, trouxesse, trouxéssemos, trouxésseis, trouxessem*
Future.	*trouxer, trouxeres, trouxer, trouxermos, trouxerdes, trouxerem*
Personal Infinitive.	*trazer, trazeres, trazer, trazermos, trazerdes, trazerem*
Present Participle.	*trazendo*. Part Participle, *trazido*

prazer, to please (used in the third person only)

Indicative

Present.	*praz, prazem*
Imperfect.	*prazia, praziam*
Past Def.	*prouve, prouveram*
Pluperfect.	*prouvera, prouveram*
Future.	*prazerá, prazerão*
Conditional.	*prazeria, prazeriam*

Subjunctive

Present.	*praza, prazam*
Present Participle.	*prazendo*
Past Participle.	*prazido*

querer, to want, wish

Indicative

Present.	*quero, queres, quer(e), queremos, quereis, querem*
Imperfect.	*queria, querias, queria, queríamos, queríeis, queriam*
Past Def.	*quis, quiseste, quis, quisemos, quisestes, quiseram*
Pluperfect.	*quisera, quiseras, quisera, quiséramos, quiséreis, quiseram*
Future.	*quererei, quererás, quererá, quereremos, querereis, quererão*
Conditional.	*quereria, quererias, quereria, quereríamos, quereríeis, quereriam*
Imperative.	*quer querei*

Subjunctive

Present.	*queria, queiras, queira, queiramos, queirais, queiram*
Imperfect.	*quisesse, quisesses, quisesse, quiséssemos, quisésseis, quisessessem*
Future.	*quiser, quiseres, quiser, quisermos, quiserdes, quiserem*
Personal Infinitive.	*querer, quereres, querer, querermos, quererdes, quererem*
Present Participle.	*querendo.* Past Participle, *querido*

pôr, to put, place

Indicative

Present.	*ponho, pões, põe, pomos, pondes, põem*
Imperfect.	*punha, punhas, punha, púnhamos, púnheis, punham*
Past Def.	*pus, puseste, pôs, pusemos, pusestes, puseram*
Pluperfect.	*pusera, puseras, pusera, puséramos, puséreis, puseram*
Future.	*porei, porás, porá, poremos, poreis, porão*
Conditional.	*poria, porias, poria, poríamos, poríeis, poriam*
Imperative.	*põe ponde*

Subjunctive

Present.	*ponha, ponhas, ponha, ponhamos, ponhais, ponham*
Imperfect.	*pusesse, pusesses, pusesse, puséssemos, pusésseis, pusessem*
Future.	*puser, puseres, puser, pusermos, puserdes, puserem*
Personal Infinitive.	*pôr, pores, pôr, pormos, pordes, porem*
Present Participle.	*pondo.* Past Participle, *posto*

ir, to go

Indicative

Present.	*vou, vais, vai, vamos, ides, vão*
Imperfect.	*ia, ias, ia, íamos, íeis, iam*
Past Def.	*fui, foste, foi, fomos, fostes, foram*
Pluperfect.	*fora, foras, fora, fôramos, fôreis, foram*
Future.	*irei, irás, irá, iremos, ireis, irão*
Conditional.	*iria, irias, iria, iríamos, iríeis, iriam*
Imperative.	*vai ide*

Subjunctive

Present.	*vá, vás, vá, vamos, vades, vão*
Imperfect.	*fosse, fosses, fosse, fôssemos, fôsseis, fossem*

Future.   *for, fores, for, formos, fordes, forem*
Personal
  Infinitive.   *ir, ires, ir, irmos, irdes, irem*
Present
  Participle.   *indo*. Past Participle, *ido*

rir, to laugh
Indicative

Present.   *rio, ris, ri, rimos, rides, riem*
Imperfect.   *ria, rias, ria, riamos, rieis, riam*
Past Def.   *ri, riste, riu, rimos, ristes, riram*
Pluperfect.   *rira, riras, rira, ríramos, rireis, riram*
Future.   *rirei, rirás, rirá, riremos, rireis, rirão*
Conditional.   *riria, ririas, riria, riríamos, riríeis, ririam*
Imperative.   *ri*   *ride*

Subjunctive

Present.   *ria, rias, ria, riamos, riais, riam*
Imperfect.   *risse, risses, risse, rissemos, rísseis, rissem*
Future.   *rir, rires, rir, rirmos, rirdes, rirem*
Personal
  Infinitive.   *rir, rires, rir, rirmos, rirdes, rirem*
Present
  Participle.   *rindo*. Past Participle, *rido*

ver (to see) belongs to the second conjugation; *vir* (to come) belongs to the third conjugation. They are here placed side by side for comparison.

ver	*vir*	*ver*	*vir*
Present Indicative		**Present Subjunctive**	
vejo	*venho*	*veja*	*venha*
vês	*vens*	*vejas*	*venhas*
vê	*vem*	*veja*	*venha*
vemos	*vimos*	*vejamos*	*venhamos*
vedes	*vindes*	*vejais*	*venhais*
vêem	*vêm*	*vejam*	*venham*
Imperfect Indicative		**Imperfect Subjunctive**	
via	*vinha*	*visse*	*viesse*
vias	*vinhas*	*visses*	*viesses*
via	*vinha*	*visse*	*viesse*
víamos	*vínhamos*	*víssemos*	*viéssemos*
víeis	*vínheis*	*vísseis*	*viésseis*
viam	*vinham*	*vissem*	*viessem*

Past Definite

vi	vim
viste	vieste
viu	veio
vimos	viemos
vistes	viestes
viram	vieram

Future Subjunctive

vir	vier
vires	vieres
vir	vier
virmos	viermos
virdes	vierdes
virem	vierem

Pluperfect

vira	viera
viras	vieras
vira	viera
víramos	viéramos
víreis	viéreis
viram	vieram

Personal Infinitive

ver	vir
veres	vires
ver	vir
vermos	virmos
verdes	virdes
veram	virem

Future

verei	virei
verás	virás
verá	virá
veremos	viremos
vereis	vireis
verão	virão

Imperative

vê	vem
vede	vinde

Present Participle

vendo	vindo

Conditional

veria	viria
verias	virias
veria	viria
veríamos	viríamos
veríeis	viríeis
veriam	viriam

Past Participle

visto	vindo

A few verbs have an irregularity in the present indicative and the present subjunctive, but are otherwise regular.

ferir	Pres. Indic.	firo, feres, fere, ferimos, feris, ferem
to strike	,, Subj.	fira, firas, fira, firamos, firais, firam
medir	Pres. Indic.	meço, medes, mede, medimos, medis, medem
to measure	,, Subj.	meça, meças, meça, meçamos, meçais, meçam
ouvir	Pres. Indic.	ouço, ouves, ouve, ouvimos, ouvis, ouvem
to hear	,, Subj.	ouça, ouças, ouça, ouçamos, ouçais, ouçam, or oiça, etc.
parir	Pres. Indic.	pairo, pares, pare, parimos, paris, parem
to bring forth	,, Subj.	paira, pairas, paira, pairamos, parais, pairam

pedir	Pres. Indic.	*peço, pedes, pede, pedimos, pedis, pedem*
to ask for	,, Subj.	*peça, peças, peça, peçamos, peçais, peçam*
perder	Pres. Indic.	*perco, perdes, perde, perdemos, perdeis, perdem*
to lose		
	,, Subj.	*perca, percas, perca, percamos, percais, percam*
seguir	Pres. Indic.	*sigo, segues, segue, seguimos, seguis, seguem*
to follow		
	,, Subj.	*siga, sigas, siga, sigamos, sigais, sigam*
servir	Pres. Indic.	*sirvo, serves, serve, servimos, servis, servem*
to serve	,, Subj.	*sirva, sirvas, sirva, sirvamos, sirvais, sirvam*
valer	Pres. Indic.	*valho, vales, vale, valemos, valeis, valem*
to be worth	,, Subj.	*valha, valhas, valha, valhamos, valhais, valham*
vestir	Pres. Indic.	*visto, vestes, veste, vestimos, vestis, vestem*
to clothe	Subj.	*vista, vistas, vista, vistamos, vistais, vistam*

VOCABULÁRIO

a, to, at
a + infin., if
a, the (fem.); her, it
ao + infin., when
as, the (pl.); them
abaixo, abaixo de, below
abarcar, to embrace, include
a abertura, opening
o abraço, embrace
abranger, to embrace
Abril, April
abrir, to open
acabar de, to have just
acaso, perhaps
a acção, action
aceitar, to accept
acender o lume, to light the fire
o aceno, sign, signal
acerca de, about, concerning
achar, to find, think
acima, above
aconselhar a, to advise to
acontecer, to happen
acordar, to wake up
acostumar-se a, to accustom oneself to
acreditar, to believe
o activo, assets
acudir, to come to
acusar, to acknowledge
a adega, (wine) cellar
adeus, goodbye
adiantar-se, to gain (clock)
admirar-se de, to wonder at
adoecer, to fall ill
o adro, square (before church)
o advogado, lawyer
afastar-se, to go away
a fim de, in order to
afogar-se, to drown

afoitadamente, boldly
agasalhar-se, to wrap up, avoid cold
agora, now
Agosto, August
agradar, to please
agradecer a, to thank
a água, water
a agulha, needle
aí, ali, acolá, there
ainda, yet, even; *a. assim*, yet
ainda que, although
o aio, tutor, servant
ajudar (a), to help (to)
ao alcance de, within reach of
a aldeia, village
alegrar-se, to rejoice
a alegria, joy
além, beyond
o alface, lettuce
o alfaiate, tailor
a Alfândega, Customs
a algibeira, pocket
o algodão, cotton
algo, something
alguém, someone
algum(a), alguns, algumas, some, any
a alma, soul
almoçar, to lunch; *o almoço* lunch
o pequeno almoço, breakfast
a almofada, pillow
alto, tall, aloud
nesta altura, at this time
o aluno, pupil
a alvorada, dawn
amanhã, tomorrow
o amante, o namorado, lover
amarelo, yellow

amargo, bitter
amável, kind
o *ambiente*, surroundings
ambos, both
o *amigo*, friend
o *amo*, master
o *amor*, love
a *amostra*, sample
amplo, broad
a *análise*, analysis
o *ananás*, pineapple
andar, to go on; *a. bem.* to go well
o *ano*, year
o *anseio*, desire
a *ânsia*, desire, anxiety
ansioso, eager, anxious
ante, before; *antes*, before (time)
antigo, old, ancient, antique
ao pé de, near
apagar, to put out, erase
apanhar, to catch, grasp
aparecer, to appear, show oneself
o *aparelho*, apparatus, receiver
o *apelido*, surname
apenas, scarcely, only
o *aperto*, handshake
apetecer, to like, wish for
aplicado, diligent
o *aposento*, room
aprazer-se, to be pleased
aprender (*a*), to learn (to)
a *aprendizagem*, apprenticeship
apresentar, to introduce
apressar-se, to hurry
aproveitar, to profit by
aquecido, heated; *aquecer*, to warm
aquele, aquela, aquilo, that
aquém de, on this side of
aqui, here
o *ar*, air; *arejado*, airy
o *arenque*, herring
argüir, to argue
arranjar, to prepare, arrange for

arrastar, to drag
arrepender-se, to repent
arrumar, to put up, set up, pack
a *árvore*, tree
o *ascensor*, lift, elevator
assar, to roast
assentado, seated
assim, so, thus; *a. que*, as soon as
assinar, to sign
a *assistência*, relief, help
assobiar, to whistle
o *assunto*, subject
assustar, to frighten
até, even; *até já*, until later
atentar, to pay attention
atirar, to throw, cast
atrasado, late; *atrás de*, behind
através de, by, through
atrever-se a, to dare to
aturado, persevering
o *auto-estrada*, motor road
o *automóvel*, motor car
avaliar, to value, estimate
a *ave*, bird
a *avenida*, avenue
às *avessas*, upside down
o *avião*, aeroplane
avistar, to catch sight of
a *avó*, grandmother; o *avô*, grandfather
o *azeite*, oil
azul, blue

o *badalar*, striking, sound (bells)
a *bagagem*, baggage
o *bairrismo*, ward politics
baixo, low, short
a *balança*, balance sheet
outra *banda*, other side
o *banho*, bath; *banhar-se*, to bathe
barato, cheap
o *barco*, boat
o *barrete*, cap
bastante, sufficient
bastar, to suffice

a batata, potato
bater, to beat
beber, to drink
o beiço, lip
beijar, to kiss; o beijo, kiss
à beira mar, by the seashore
a beleza, beauty; belo beautiful
bem, well; bemvindo, welcome
o bengaleiro, hat-stand
o berço, cradle
a biblioteca, library
o bilhete de ida e volta, return
    ticket
a bilheteira, ticket-office
o bilro, bobbin
o biscoito, biscuit
a boca, mouth
o bocado, mouthful, bit, step
o boi, ox
a bola, ball; o bolo, cake
o bolseiro, scholarship holder
bom, boa, good
a borda, brim, rim, edge
a bota, boot
o botão, button
o braço, arm
branco, white
a brandura, softness, gentleness
a brasa, live coal
brilhar, to shine
o brinde, toast (of health)
buliçoso, turbulent

cá, here, hither
a cabeça, head
a cabeceira, bed's head
o(s) cabelo(s), hair
caber, to be contained
a cabine telefónica, call box
o cabrito, kid, little goat
o cacau simples, cocoa only
cada, cada um(a), each
cada qual, anybody, each
a cadeira, chair
o caderno, exercise book
cair, to fall
a caixa, box
a cal, lime

calar-se, to be silent
calçar, to wear (boots, trousers)
as calças, trousers
o cálice, wine glass
cálido, hot
a cama, bed
a camada, layer
o camarote, cabin, theatre box
o caminho de ferro, railway
a camisa, shirt
a canção, song
a cancela, wicket gate
o canivete, penknife
cansar-se de, to tire of
o cantador, singer; cantar, to
    sing
o cão, dog
a capital, capital of a country
o capital, capital (money)
o capitão, captain
a cara, face
qual carapuça! what nonsense
a carga, discharge, downpour
a carne, meat
o carneiro, sheep
caro, dear
o carregador, porter
carregar em, to press, push
a carreira, way, career
o carro, car; c. elétrico, tramcar
a carruagem, carriage
a carta, letter
o carvão, coal
a casa, house; c. matriz, head-
    office
o casaco, coat
casar-(se), to get married
o caso, case
categorizado, important
o cativeiro, captivity
catorze, fourteen
à cautela, prudently
o cavalo, horse
a cavaqueira, chat, gossip
cedo, early, soon
cego, blind
a ceia, supper
a cela, cell

cem, *cento*, hundred; *o centavo*, centavo

cerca de, about, near(ly)

as cercanias, surroundings

a certeza, certainty

certo, certain, right (of a watch)

a cerveja, beer

cessar de, to cease to

o céu, sky, heaven(s)

o chá, tea

o chão, ground

chamar, to call

o chapéu, hat

a chávena, cup

o chefe, chief; *chefiar*, to direct

chegar, to arrive, come, suffice

cheio, full

cheirar, to smell

as chitas, cotton prints

chorami(n)gar, to whimper

chorar, to weep

chover, to rain

a cidade, city, town

a ciência, science

o cigarro, cigarette

em cima, above; *lá—cima*, up there

cingir, to gird, surround

cinquenta, fifty

coberto, covered

o cocheiro, driver

a coisa, thing

coitado, miserable, sorry

colher, to gather

colmar, to thatch

colocar, to place

com, with; *comigo*, with me

combinar, to combine, agree

o comboio, train

começar (a), to begin (to)

a comédia, comedy

a comida, food

cómodo, comfortable

compartilhar, to share

compassado, regular, measured

compor, to compose

a compra, purchase; *comprar*, to buy

comprido, long; *comprimento*, length

concertar, to put right, mend

a concha, shell

condordar, to agree

a confiança, confidence

conforme a, in agreement with

conhecer, to know

o conhecimento, knowledge

conseguir, to obtain, get, to manage

consigo, with him(self), with her(self)

a constipação, cold in the head

a conta, account; *contar*, to relate, count

conter, to contain

contigo, with you

continuar (a), to continue (to)

o conto, 1,000 escudos

contra, against

o contratador, ticket agent

contudo, however

a conversa, conversation

o convés, *a coberta*, deck

convidar (a), to invite (to)

o convite, invitation

o copo, glass

a cor, colour; *de cor*, by heart

o coração, heart

a corda, cord, rope

o corpo, body

pelo correio, by post

cortar, to cut

a corte, court

o costado, side, flank

o costume, custom

a costura, sewing

costurar, to sew

a cotação, quotation

o couro, leather

a cozinha, kitchen

crer, to believe

o criado, servant, waiter

a criança, child

o cristão, *a cristã*, christian

cru, cruel, raw

a cruz, cross; *cruzar-(se)*, to cross

o cruzeiro, monetary unit (Brazil)

cuidadoso, careful

culpar, to blame

os cumprimentos, compliments

à cunha, crammed full

curar, to bleach, cure

curto, short

custar, to cost

da = de a

dá, he gives

a dactilografia, typewriting

dado que, granted that

daí, therefrom

a data, date

de, of, from

dê, he may give

debaixo de, below, under

debalde, in vain

débil, weak

décimo, tenth, one tenth

decorrer, to run, pass (time)

o dedal, thimble

o dedo, finger

o degrau, step

deitar, to cast; *deitar-se*, to lie down; *deitar-se em*, to rest on

deixar, to allow; *d. de*, to cease

delgado, thin

demais, too (much)

demorar-se, to delay, tarry

o dente, tooth

dentro, inside; *d. em breve*, soon

denunciar, to show, announce

deparar-se, to be offered, given

depois, afterwards; *d. de*, after

depressa, quickly

a derrota, defeat, rout

desatar, untie; *d. a*, burst into

descalço, barefoot

descansar, to rest

descer, to descend

desconfiar, to mistrust

descrever, to describe

desculpe-me, excuse me

desde, from, since

desejar, *o desejo*, desire

o desembolso, out of pocket expenses

o desenho, drawing

desenvolver, to develop

desligar o rádio, to switch off

deslumbrar, to dazzle

desocupado, free

despedir, to say goodbye

despertar, to wake

a despesa, expense

despir-se, to undress; *dispo-me*, I strip

o desporto, recreation, sport

destacar-se, to stand out

o destino, fate

desvanecido, proud, moved

detrás de, behind

devagar, slowly; leisurely

dever, to owe; must; *o d.*, duty

devolver, to send back

dez, ten; *dezanove*, nineteen

Dezembro, December

o dia, day

o dia de anos, anniversary

a diária, cost per day

difícil, difficult

digno, worthy

o dinheiro, money

a direcção, address, direction

o direito, right, justice, law

dirigir, to direct

a disciplina, subject of study

disfrutar-se de, to enjoy

dispensar, to excuse

a disposição, condition (health)

distinguir, to distinguish

distraído, absentminded

o divã, divan

diversos, various, several, diverse

a dívida, debt

dividir, to divide

dizer, to say

o dó, compassion; *a dor*, sorrow

dobrar(*-se*), to bend, double

doce, sweet; *a doçura*, sweetness

documentos de embarque, shipment papers

a doença, illness; *doente*, ill

dois, *duas*, two

domingo, Sunday

o dono, owner

a dormida, bed for the night

doze, twelve

durante, during

duvidar, to doubt

duzentos, two hundred

a dúzia, dozen

e, and

eis-nos, behold us, here we are

ela, she; *ele*, he

em, in, on

embalar, to pack

o embarque, shipment

embora, however

a emissora, transmitter

empregar, to employ; *o empregado*, employé; *o emprego*, post

emprestar, to lend

empunhar, to grasp, seize

encetar uma conversa, to begin a conversation

encharcar, to inundate, soak, drench

encher, to fill

encobrir, to hide, suppress

a encomenda, order

encontrar, to meet, find

o endereço, address

a ênfase, emphasis

enfim, finally

o engano, deception, error

engastar, to set (a stone), inlay

enjoar, to be sick

o enjôo, sickness (sea, air)

enquanto, while

ensinar, to teach

o ensino, teaching, education

então, then

o ente, being

entender-se com, to get on with

a entrada, entrance

entrar em, to enter into

entre, between, among; *entretanto*, meanwhile

a entrega, delivery

entregar, to give, hand over

enviar, to send; *o envio*, shipment

erguer, to raise

erigir, to erect

o erro, mistake

a ervilha, pea

esbelto, elegant

esboçar, *o esboço*, sketch

esbraseante, hot, burning

a escola, school

escolher, to choose

a escova, brush

à escovinha, cropped

escrever, to write

escudo, Port, monetary unit

escutar, to listen

o esforço, effort

a esmola, alms

a espada, sword

a espádua, shoulder

espanhol, Spanish

espantar, to astound, startle

a espécie, kind, sort

o espelho, mirror

esperar, to hope, expect

o esposo, husband, spouse

esquecer-se, to forget

esquerdo, left

a esquina, corner

a estação, station

o estádio, stadium

estampar, to stamp

estar, to be

este, *esta*, *estes*, *estas*, this, these

estender, to extend

a estenografia, shorthand

a estrada, road

o estrago, damage, breakage

o estrangeiro, stranger

a estreia, first performance

a estrela, star

o estro, inspiration
estudar, *o estudo*, study
eu, I
evitar, to avoid
o exame, examination
o exercício, exercise
eximir, to exempt
o êxito, outcome, success
o explicador, commentator, coach
explicar, to explain
expor, to explain, expound
expressar, to express

o fabricante, manufacturer
a faca, knife; *a facada*, knife blow
faça favor, please
a façanha, deed
fácil, easy; *facilitar*, to make possible, to help, aid
defacto, indeed
a factura, invoice
fadigoso, painful, toilsome
o fado, Port. song
falar, to speak
faltar, to be lacking
a farda, uniform
a fatia, slice
o fato, suit of clothes
o fazendeiro, farmer; *a fazenda*, farm
fazer, to make, do; *f. calor*, to be hot; *fazer-se*, to become
fechar, to close
feito à mão, made by hand
a felicidade, happiness
felizmente, happily
as férias, holidays
ferir, to strike
as ferragens, hardware
férreo, made of *ferro*, iron
a festa, feast, festival
festejar, to celebrate
Fevereiro, February
fiar, to spin
ficar, to remain, to be
o figo, fig

o figurão, "big fellow," great man
a fila, row
a filha, daughter; *o filho*, son
a filial, branch office
o fim, end
o fio, yarn, thread
firmar, to sign
a fita, ribbon, film
fiz, I did; *fez*, he did
a flanela de algodão, flannelette
a flor, flower
o fogão, stove
a folha, leaf
a fome, hunger; *ter fome*, to be hungry
a fonte, spring, fountain
formoso, handsome, beautiful
o forno, oven
fortemente, strongly
a foz, mouth (of a river)
fraco, weak; *o fraquinho*, weakness
o frango, chicken
fraquito, weak, frail
o freguês, customer
na sua frente, before him
freqüentar, to attend
fresco, cool
frio, cold
a fruta, fruit
fugir, to flee
o fuinho, woodpecker
Snr. Fulano, Mr. So-and-So
funcionar, go, work (watch, lift)
o fundo, bottom; deep

ganhar, to gain
o garfo, fork
a garrafa, bottle
gastar, to spend
a genebra, gin
o género, kind; *os géneros*, goods
a geração, generation
o gerente, manager
gordo, fat

gostar de, to like
o gosto, pleasure, taste
graças a, thanks to
grande, grã, large, big
a gripe, influenza
gritar, to cry out
o guarda-chuva, umbrella
o guia, guide
a guizalheira, little bell

há, there is, there are
habilitado, prepared, competent
o habitante, inhabitant
haver, to have: h. de, to have to
a história, history, story
hoje, today
o homem, man
a homenagem, homage
a hora, hour
o hóspede, guest

a idade, age
o idioma, language
ignorar, not to know
a igreja, church
a ilha, island
o imposto, tax
impresso, impressed, printed
imprevisto, unforeseen
incomodar-se, to put oneself out
o incómodo, trouble
o incremento, increase
indagar, to find out
a índole, character
infalível, infallible
inglês, English
iniciar, to begin
o inverno, winter
investir, to rush
ir, to go; ir-se embora, to go away
ir ter a, to go to
o irmão, brother; a irmã, sister
isso, isto, that

já, immediately, already
jamais, never
Janeiro, January
a janela, window
jantar, to dine; o jantar, dinner
o jardim, garden
o jardineiro, gardener
o joelho, knee
jovem, young
Julho, July; Junho, June
junta a, junto de, near
a jura, oath; a justiça, justice

lá, there
a lã, wool
o lago, lake
lançar, to throw, cast; l. em conta, to credit, debit, an account
o lápis, pencil
a laranja, orange
a largura, width
a lasca, splinter
lavar, to wash
o leite, milk; o leito, bed
o leitor, reader; ler, to read
lembrar, to remind
lembrar-se de, to remember
o lenço, handkerchief
o lençol, sheet
levantar-se, to rise
levar, to bear, take
leve, light
lhas = lhe as
lhe, to him, her; lhes, to them
a liberdade, liberty
a libra, pound sterling
a lição, lesson
a licença, permission
o liceu, secondary school
a lida, toil
ligar, to bind
ligar o rádio, to switch on
limpar, to clean
lindo, pretty, beautiful
a língua, a linguagem, language
liquidar, to settle
livre, free

o *livro*, book
o *lobo*, wolf
o *locutor*, announcer
logo, immediately, then, soon
lograr, to succeed
o *loja*, shop
a *lona*, canvas
longe de, far from
a *lua de mel*, honeymoon
o *lugar*, place
a *luta*, struggle
a *luva*, glove

o *macho*, male (mule)
a *maçã*, apple
o *maço*, packet
magoar, to hurt
a *mãe*, mother
Maio, May
o *mal*, ill, evil
a *mala*, trunk, large case
mandar, to send; o *mando*, command
a *maneira*, manner, way
a *manga*, sleeve
a *manhã*, morning; *de manhã*, *pela manhã*, in the morning
a *manteiga*, butter
mas, but; *mas = me as*
matar, to kill
a *matemática*, mathematics
mau, *má* (fem. pl. *más*), bad
me, me, to me
mediar, to extend between
o *médico*, doctor
medir, to measure
meio, *meia*, half (adjective)
o *melão*, melon
melhor, better, best
do melhorzinho, of the very best
o *mendigo*, beggar
o(s) menino(s), boy, children
menor, smaller; *menos*, less
o *mercado*, market
as *mercadorias*, goods
mergulhar, to plunge
a *mesa*, table
mesmo, itself, very, same, self

a *metade*, half
meter, to put; *meter-se a*, to begin to, set about
meu(s), my; *minha(s)*, my (feminine)
mil, thousand; o *milhão*, million
mim, me (object of preposition)
o *minuto*, minute
o *miradouro*, balcony
a *miúde*, often; *miúdo*, small
móbil, *móvel*, moveable
o *modo*, way; *de modo que*, so that
a *moeda*, coin
o *moinho*, mill
a *montanha*, o *monte*, mountain
morar, to reside, dwell
mordaz, bitter, biting
morrer, to die; *morto*, dead
mostrar, to show
o *móvel*, piece of furniture
mudar de roupa, to change
muito, much, many
a *mulher*, woman
o *mundo*, world

na = em a; no = em o; o nó, knot
a *nação*, nation
nada, nothing
nadar, to swim
não, no, not
não obstante, notwithstanding
o *nariz*, nose
nascer, to be born
o *navio*, ship
negar, to deny
o *negociante*, merchant
os *negócios*, business, affairs
negro, black
nem, nor, neither
a *neve*, snow; o *nevoeiro*, fog
ninguém, no one
o *ninho*, nest
pela noite, *de noite*, at night, in the evening
o *noivo*, fiance
no-lo = nos o; no-los = nos os

o nome, name; nomear, to name
nono, ninth, one ninth
o norte, North
nos = em os; nos, us; nós,
   we; nós, us (obj. of prep.)
os nós, knots
a nota de venda, sale note
o noticiário, news bulletin
as notícias, news
nove, nine; noventa, ninety
novecentos, nine hundred
novo, new; de novo, again
nu, naked
nunca, never
a nuvem, cloud

o, the; him, it; os, the, them
obrigado, thank you
obrigar a, to oblige to
oitavo, eighth, one eighth
oito, eight; oitenta, eighty
olhar, to look; o olho, eye
o ombro, shoulder
a onda, wave
onde, where; aonde, whither
ontem, yesterday
onze, eleven
óptimo, ótimo, excellent
ora, now
o orador, orator
orçamento, estimate, budget
orçar, to estimate
a ordem, order
a orelha, ear
o orgulho, pride
a origem, origin
o osso, bone
ou, or
o ourives, goldsmith
o ouro, gold
o outono, autumn
outorgar, to grant
outrem, someone else
outro, other
outrora, formerly
outro tanto, as much again
Outubro, October
o ouvido, ear; ouvir, to hear

a ovelha, sheep
o ovo, egg

o pacote, packet, package
padecer, to suffer
pagar, to pay; pago, paid
o pai, father; os pais, parents
pairar, to hover
o país, country
a paisagem, landscape, scenery
a palavra, word;
a palha, straw
o pão, bread
o papel, paper
para, to, for; para que, in order
   that
os parabéns, congratulations
parar, to stop
a parede, wall
correr parelhas, to run parallel
os parentes, relations
a parte, part
a partida, set (of game)
partir-se, to break
passar, to happen, pass
o passeio, walk; o passo, step
o passivo, liabilities
a pastagem, pasture
o paul, marsh
a paz, peace
o pé, foot; estar de pé, to stand
peço (from pedir), I ask, beg
pegar em, to take hold, seize
o peixe, fish
pela(s), pelo(s), = por a, por o
pelejar, to fight
a pena, pen
é pena, it is a pity
a pensão, food and lodging
pensar, to think
o pente, comb
pequeno, small; pequenino, tiny
perder, to lose
a perdiz, partridge
perdoar, pardon
perfeito, perfect
perguntar, to ask
a perna, leg

a pérola, pearl
pertencer, to belong
perto (de), near (to)
pesado, heavy
o pêssego, peach
a pessoa, person
a peúga, sock
a piada, cheep (of birds), joke, quip
a pinga, drop (of wine, water)
o pinhal, pine-wood
o pio, chirping
pior, worse
a pista de aterragem, runway
a plateia, (theatre) pit
pobre, poor
poder, to be able
a poeira, cloud of dust
o poema, poem
pois, so, now, well
o polícia, policeman
a poltrona, armchair, stall (theatre)
ponho, I place
o ponto, point; *pain*; *em p.*, exactly
por, by
por ai adiante, onward
pôr, to place
porque, because; *porquê?* why?
a porta, door
com porte pago, carriage paid
possuir, to possess
pouco, little; *poucos*, few
poupar, to save
pousar, to lay down, put down
o povo, people
a praça, square, market
o prado, field, meadow
a praia, beach
o prato, plate, dish
ter o prazer, to have the pleasure
precisamente, exactly
preciso, necessary; *precisar de*, to need
o preço, price
preferir, to prefer
preguiçoso, idle

a prenda, gift
preto, black
o prezado favor, esteemed favour
a primavera, Spring
principiar a, to begin to
privar, to deprive
procurar, to try, to seek
produzir, to produce
o professor, a professora, teacher
a promessa, promise
pronto, ready; *de pronto*, quickly
de propósito, on purpose
próprio, own
proteger, to protect
provar, to try
provir, to come from
próximo, next
o punho, cuff
puxar, to pull

o quadro, picture
qual, which; *qualquer*, some, any
qual . . . tal, as . . . as
quando, when; *q. muito*, at most; *de q. em q.*, from time to time
quanto, as much, how much, all
quanto antes, as soon as possible
quão, how (before an adjective)
quarenta, forty
a quarta-feira, Wednesday
o quarto, room; quarter; fourth
quase, almost
que, o que, what; *do que*, than
quem, who (sing. and pl.)
quemquer, whoever, whosoever
quente, hot
querer, to desire; *querido*, beloved
o quilate, carat, quality
quinhentos, five hundred
a quinta, farm
a quinta-feira, Thursday
quinto, fifth, one fifth
quinze, fifteen

o ramo, branch
a ranhura, slot
a rapariga, girl
o rapaz, boy; a rapaziada, lads
rasgar, to tear
razoável, moderate
recear, to fear; o receio, fear
receber, to receive
a recepção, receipt (of a letter)
o receptor de rádio, receiver
o recibo, receipt (of a bill)
recozer, to bake, burn up
recusar, to refuse
reembolsar, to refund
a refeição, meal
referir, to refer
refrear, to refrain
regado, watered
o regato, rill
a região, region
registar, to register
sob registo, under registered
   cover
regular, ordinary; to settle
o rei, king
o relâmpago, lightning
o relógio, watch, clock
a relva, grass, turf
remar, to row
a remessa, remittance, shipment
o renome, renown
reparar, to note, notice
de repente, suddenly
repetir, to repeat
resistir, to resist
responder, to reply, answer
a resposta, reply, answer
o ribeiro, brook, watercourse
rico, rich
rir, to laugh; o riso, laughter
o rio, river
o risco, risk, danger
a roda de; ao redor, around
roer, to gnaw
rogar, to ask, beg
a romã, pomegranate
a romaria, pilgrimage

romper, to break
o rosto, countenance
a rota, way
roubar, to rob
rouco, hoarse
a roupa passada a ferro, clothes
   ironed
o rouxinol, nightingale
a rua, street
o ruído, noise
o rumo, course, direction

sábado, Saturday
saber, to know, to know how
o sabonete, cake of soap
sacudir, to shake
saiba, pres. subj. of saber
a saída, exit; sair, to leave
o sal, salt
a sala, room
o saldo, balance (bookkeeping)
a saltada, jump, leap
o sapato, shoe
a saudade, longing, yearning
a saúde, health
se, if
seco, dry
o século, century
a seda, silk
a sede, thirst
seguir, to follow
a segunda-feira, Monday
segundo, as, according as;
   (adj.) second (place); o s.,
   second (time)
seis, six
a seiva, sap
selar, to seal: o selo, stamp
sem, without; sem que, without
a semana, week
a semelhança, likeness
semelhante, similar
sempre, always
senão, but, otherwise, else
o sentido, sense, direction
sentir, to feel, sense, to be
   sorry
ser, to be

a serralharia, ironwork
o sertão, backwoods, the bush
o serviço, service
servir, to serve
sessenta, sixty
sete, seven; *sétimo*, seventh, one seventh; *setenta*, seventy
Setembro, September
seu, *sua*, his, her, its, your, their
a sexta-feira, Friday
sexto, sixth, one sixth
sim, yes
simpático, agreeable
singelo, simple
os sinos, bells
sintonizar, to tune
o sítio, place
só, only; *sòmente*, only
soar, to sound; *o som*, sound
sob, under; *sobre*, on
sobejar, to abound, be left over
sobrar, to be over, to exceed
o sobretudo, overcoat
o sobrinho, nephew; *a sobrinha*, niece
soltar, to free, loose
soprar, to blow
a sorte, (good) fortune, luck
suar, to sweat
suave, mild
súbito, suddenly
sublinhar, to underline
a sucursal, branch office
sueco, Swedish
o sueto, holiday
sujo, dirty
o sul, South
surdo, deaf
surgir, to issue
a surpresa, surprise

tal, *tais*, such
talvez, perhaps
o tamanho, size
também, also; *t. não*, neither
tanto, so much, so many, so great

tão, so
tardar-se em, to delay, be slow in
tarde, late; *de tarde*, *pela tarde*, in the evening or afternoon
a tarefa, task
a tarifa, fare
o táxi, taxi
te, you, to you; *to = te o*
o telefone, telephone
a telha, tile
temer, to fear
o tempo, weather, time
a temporada, time, season, period
tencionar, to intend
tenrinho, very tender
a tentação, temptation; *tentar*, to try; *a tentativa*, attempt
ter (de), to have (to); *ter razão*, to be right; *ir ter a*, to go to
a terça-feira, Tuesday
terceiro, third
um terço, one third
terminar, to terminate
a ternura, tenderness
o terreiro, courtyard (of palace)
a tesoura, scissors
teu, *tua*, your
ti, you (object of preposition)
a tia, aunt; *o tio*, uncle
o tijolo, brick
o tilintar, jingle, tinkle
a tinta, ink
tirar, to take away; take off; to pull; *tirar um curso*, to take a degree
a toada, tenor, tune, order, rate
tocar, to ring, touch, play
todavia, still
todo, *toda*, all, every
tomar, to take; *t. cuidado*, to take care; *t. a mal*, to take it ill
o tonel, cask, pipe
o toque de campainha, ring at the door bell
tornar a, to do again
tornar-se, to turn into, become

a torre, tower
tosco, rude, rough
o tostão, one tenth of an escudo
o touro, bull
a toutinegra, blackbird
trabalhar, to work
traidor, treacherous, traitor
trajar, to dress
transportar, to carry forward
trás, behind
trata-se de, it is a question of
tratar de, to deal with
trazer, to carry, wear, bring
o trecho, stretch, extent; excerpt
o trem, cab
três, three
as trevas, darkness
trinta, thirty
triste, sad; a tristeza, sadness
trouxe (from trazer), he brought
tu, you
tudo (neuter), all, everything
o túnel, tunnel

último, last
um, uma, one; uns, umas, some
útil, useful
a uva, grape

vácuo, empty
o vagar, leisure: devagar, slowly
vagar, to vacate
vago, free, vacant
valer, to be worth
a válvula, valve
vão, they go
em vão, in vain
a vara, stick, rod
variegado, variegated
vários, several
a velhice, old age
velho, old; o velhote, old man
vencer, to conquer, overcome
a venda, sale

o vendedor, seller
o vento, wind
a ventura, good fortune, happiness
ver, to see
o verão, Summer
a verdade, truth
verde, green
versar sobre, to deal with
vestir, to put on, to clothe
uma vez, once
a vida, life
o vidro, (window) pane
a viagem, journey
o viajante, traveller
a vila, town
vinho de consumo, ordinary wine
vinte, twenty
vintém, two centavos
vir, to come
o vira, North Portuguese song and dance
a visão, vision
a vista, sight
visto, seen
viver, to live
vivo, alive, living
vizinho, neighbour
voar, to fly
vo-lo = vos o
à minha volta, around me
a volta, turn, return
voltar, to return; voltar a, to do again
a vontade, will
vos, you, to you; vós, you (subject, and after preposition)
vosso, your
o vulto, figure

o xadrez, chess
o xarope, syrup

zangar-se, to get angry

SPANISH

N. Scarlyn Wilson

As a language of world importance, Spanish rivals French and German. There are over 115 million speakers of the language in the world, both in South America and Spain, and obviously a knowledge of Spanish is useful—not only to the student but also to the tourist and the businessman.

Because of its phonetic simplicity and the basic regularity of its grammatical forms, Spanish is a relatively easy language to learn. This book takes the reader through a series of graded lessons which have been designed both for use in the classroom and for study at home. Each lesson comes complete with exercises and translation pieces and the aim is that the reader, on working his way through the course, should have a sound command of Spanish.

'Anyone who works through this volume intelligently should be able to read and speak Spanish. No student should fail to obtain this excellent course'
Journal of the Incorporated Association of
Assistant Masters

TEACH YOURSELF BOOKS